系列叢書 系列一

易經

周易大字國語注音本

（不求人 可自行卜卦 自助助人）

自序感言

《易》學之學問，包羅萬象，若以結構先後歷史而言，筆者嘗略分爲：象、卜、陰陽、數、筮、卦爻變、義、理、干支；然行中有氣，唯氣不可見，故借物顯象，節度於數，數變則質變，質變則數變，氣遊走於：象、數、義、理之間，潛伏於陰陽，具象於五行，是故義理論剛柔，象數探行氣，若人究竟明白：、理、氣、象、數，自然能徜徉在宇宙間，「能說諸心，能研諸慮，能定天下之吉凶，而成天下之亹亹者。」（《周易．繫辭下傳．第十二章》。）

筆者學《易》未曾間斷已三十餘年，自學《易》以來，曾多次走入冤枉路，也白忙了好幾年，甚至多次被欺騙愚弄，因此深知學《易》之路明師難逢，然各家法門不同，眾說紛云，更是難上加難……；筆者在此呼籲，初學者可嘗試從《周易》之孔子十翼大傳，及《周易》卦爻辭經文進入研讀，並同時從相關之各個朝代歷史背景了解，藉此一探浩瀚偉大的國學《易經》，受歷代國內外學者專家愛不釋手的原因何在？他們又如何運用《易經》表達出他們的各種訴求？在大概了解一切五行源頭的《易經》之後，再回顧確認自己適合「象數」或「義理」或「綜合」或其他的方向……才不致偏離自己的興趣太遠。

唐朝宰相虞世南說：「不讀《易》，不足以爲將相」；藥王孫思邈說：「不知《易》，不足以言太醫」；《易經》格局之大涉及芸芸眾生，由此可見，孔子在《周易．彖傳．賁卦》曰：「觀乎天文，以察時變，觀乎人文，以化成天下，」可見《周易》用世並非光說不練的理論派，而是具體運用在生活中，點點滴滴的人文、天文、科學大智慧，更令人瞠目結舌，不可思議的是，《周易》用世以來，幾千年了，所懸掛在每卦上的卦爻辭，居然一字未改，至今神準契合屢試不爽。

宋大儒朱子在《周易本義》中提到：「易之書，卦、爻、彖、象之義備，而天地萬物之情見。聖人之憂天下來世，其至矣！先天下而開其物，後天下而成其務，是故極其數，以定天下之象，著其象，以定天下之吉凶。六十四卦，三百八十四爻，皆所以順性命之理，盡變化之道也」。此話道出了卦爻中萬物命理之習性與命運，與其個中指歸義涵，同時也呼應了春秋年代，孔子在《周易．繫辭上傳．第十二章》所說的一段話：「子曰：夫易何爲者也？夫易，開物成務，冒天下之道，如斯而已者也。」孔子就他對《周易》的理解心得，表達出他研究的成果結語，從「冒天下之道」這句話裡面，我們不能輕忽《周易》本身所蘊藏的深廣維度，佛家的慈悲喜捨，道家的清靜無爲，儒家的四維八德三綱五常，皆能在《周易》卦象裡頭見到明顯的啓示，若解卦之人功力深厚一門深入，自然而然亦能絜靜精微的探究出天地之間的訊息，在出世與入世間取得平衡。此前後兩段話淺顯而易懂的說明了古聖先賢，皆以天下芸芸眾生之未來，爲共同奮鬥目標，致力於卦爻義理象數極致變化之道，並實踐於先天下開物而成其務不遺餘力，古聖先賢既已明白告誡，後輩學者自當以冒天下之道爲己任，用心致力於《易學》承先啓後，立志成就爲《易學》之翹楚，再接再厲，精益求精。

孔子晚年贊易，在一九七三年，長沙馬王堆出土的《帛書易傳》之中，即留下實體的證明，其中對話：「夫子老而好《易》，居則在席，行則在囊」，說明了孔子對《易》愛不釋手，孜孜不倦，勤勉不懈的學習態度，設若《周易》沒有極深之義涵寶藏，孔子何苦「居則在席」？又何故「行則在囊」？《史記．卷四七．孔子世家》有云：「孔子晚而喜《易》，序〈彖〉、〈繫〉、〈象〉、〈說卦〉、〈文言〉、讀〈易〉，韋編三絕。」《史記》之文見證了孔子天生聖德，晚年好《易》，著述十翼大傳，孔子爲求對《周易》的究竟理解，竟然「韋編三絕」，「韋」是指獸皮之韋，是革縷圍束，不讓背离用字，後解爲古代用熟皮編串竹簡的皮繩，「絕」是斷之義，孔子一生博覽天下群書，汲取各方賢達能人殊勝智慧，窮極一生經歷，都能愛不釋手的翻閱《周易》，並將編串的皮繩翻斷了三次，可見《周易》的內涵底蘊，值得令人反覆不停地鑽研，我們有什麼理由不跟進呢？

至聖先師孔子，非但是晚年好《易》，也不乏相關史証，證實孔子用心致力研《易》，甚至是以《易》修心自省，如《論語．述而篇》，曰：「加我數年，五十以學易，可以無大過矣！」又如孔子在《周易．繫辭上傳．第十章》曰：「夫《易》，聖人之所以極深而研幾也，唯深也，故能通天下之志；唯幾也，故能成天下之務；唯神也，故不疾而速，不行而至。」孔子乃集儒家思想大成智慧於一身之精神領導人，仍然如此好學，求知若渴，除了期待自我成長，不再陷入大過卦之處境外，同時也爲通天下之志，而極深研幾，渴望成就爲天下之務，實屬難能可貴，令人敬佩！人生爲萬物之靈，其可貴之處就是有反觀內省之智慧，有《易經》這樣的冒天下之道，我們可以隨時調整並完善自我的皇極觀、太極觀和無極觀，這種自我改善的內涵，引導我們走向有錯則改、遇善則遷的人生哲學，圓融我們生活周遭的眾生，最終達到天人合德的狀態。正如孔子看待《周易》的態度，注重《周易》中乾德與坤德的教化，培養自身的浩然正氣，也會在遇到猶豫不決之時，誠心占卜問於天地神聖，去圓滿生活上的眞善美實踐功夫。

隨者大陸的經濟起飛，世界各地與大陸有商業貿易往來的人士，據聞最近幾年來已經開始學習漢語了，企圖通過語言的暢通，爭取更高、更多的互動機會，進而取得長期合作利益空間；據說美國特朗普總統訪華時，也特意的展現其外孫女已經可以用漢語問好，也能唱漢語歌，背三字經了，一時之間，紅遍了全世界，也感動了全世界的華人社會，學習漢語的狂熱，除了原有亞洲鄰國地緣關係之外，據說英國、俄羅斯、美國、韓國、日本也都正在瘋學漢語，特別是俄羅斯已經將漢語列入全國統一考試的外語科目，據說前美國總統歐巴馬也要求各地幼兒園、中、小學都要開始學習漢語，這種漢語學習態度的世界潮流，正是影射出「了解中國」的前奏，而位居全世界最古老國家之一的光榮歷史文化，也將更普及的揭開神秘面紗，公諸於全世界，在此同時，享有世界名著之一的《周易》

天書，蘊含著祖國人更三聖，世歷三古的輝煌文化背景，豈能敬陪末座，不做好準備？

本書有別於一般傳統《周易》經、傳的排列格式，不惜將過去版本習慣的順序暫置，如：文言傳、序卦傳，都做了些許的調整，避開呆滯，重覆尋找摸索的障礙，主要訴求期望能帶給有心研《易》者，可以更專注聚焦，善巧方便的節省查證對照的時間，同時也刻意地將紙張放大了一些，增加更多空白處，提供方便隨時筆記使用提升效果。

也有將孔子《序卦傳》心得，因應每卦內容，分段陳列於卦辭之前，以利學者基礎義涵之入卦開展；也將《說卦傳》中之八大卦特質，分類彙整聚焦於八卦之中，以便於一覽無遺，全方位的思考：特別是孔子當初在《繫辭傳》中，針對某些卦爻，有些珍貴特殊的短篇章句心得，筆者也設法集中羅列於各卦之中，以便學者更能深入理解爻義。

爲了給「義理」之學《易》者，更廣泛的汲取空間，本書也將料事如神，諸葛孔明對《周易》爻辭的看法，附錄於每卦之後，以備耕餘，參考衍《易》之用，學者或可對照《周易》經、傳爻辭，欣賞其個中奧秘，學者若逢事業窒礙，由疑徬徨，亦可隨手拈來，自行占筮，自助助人，進德修業，至誠勵志，爲我祖國國學發光發熱，榮耀先民列祖列宗於全世界。

本書主要以弘揚國粹，普及國學《周易》爲訴求，本著同門于宗之心，不分象數、義理門户之見，廣納《周易》用世思想之相關資料彙整，然《周易》一書，乃爲我中華人文思想之大宗，亦爲古代傳統學術道德哲學的核心，非一人所著作，實乃一部共襄盛舉，集思廣益，集體創作之歷史巨著，若論歷代學者專家之心得著作，乃成千上萬無以數計，周邊附屬資料之龐大，更非一般，不勝枚舉，本書著作，所幸有蔡明軒、謝坤竹、鄭芳如、鄭子玉等學者合力綱維，本書題材方得以順遂呈現，在此刻意提出，感銘於書，冀望《周易》用世思想實踐於普羅大眾，更期待《周易》用世可得廣被，受愛戴而義不容辭的闡揚珍貴之義，筆者以此呼應先前開路諸君前輩爲禱。

蘇柏榮　字耀魁　號占奇先生　謹識

占奇先生

目錄

周易上經

周易下經

附錄一 周易本義朱子自序

《易》之爲書，卦、爻、彖、象之義備，而天地萬物之情見。聖人之憂天下來世其至矣！先天下而開其物，後天下而成其務，是故極其數以定天下之象；著其象，以定天下之吉凶。六十四卦、三百八十四爻，皆所以順性命之理，盡變化之道也。散之在理，則有萬殊；統之在道，則無二致。所以，「易有太極，是生兩儀」。太極者，道也；兩儀者，陰陽也。陰陽，一道也。太極無極也。萬物之生，負陰而抱陽，莫不有太極，莫不有兩儀。絪縕交感，變化不窮。形一受其生，神一發其智，情僞出焉，萬緒起焉。

易所以定吉凶而生大業，故易者，陰陽之道也；卦者，陰陽之物也；爻者，陰陽之動也。卦雖不同，所同者奇耦；爻雖不同，所同者九六。是以六十四卦爲其體，三百八十四爻互爲其用，遠在六合之外，近在一身之中。暫於瞬息，微於動靜，莫不有卦之象焉，莫不有爻之義焉。

至哉易乎！其道至大而無不包，其用至神而無不存。時固未始有一，而卦未始有定象；事固未始有窮，而爻亦未始有定位。以一時而索卦，則拘於無變，非易也；以一事而明爻，則窒而不通，非易也；知所謂卦、爻、彖、象之義，而不知有卦、爻、彖、象之用，亦非易也。故得之於精神之運，心術之動，與天地合其德，與日月合其明，與四時合其序，與鬼神合其吉凶，然後可以謂之知易也。

雖然，易之有卦，易之已形者也；卦之有爻，卦之已見者也。已形已見者，可以言知；未形未見者，不可以名求，則所謂易者果何如哉？此學者所當知也。

附錄二　八卦取象歌

☰ 乾三連

☷ 坤六斷

☳ 震仰盂

☶ 艮覆碗

☲ 離中虛

☵ 坎中滿

☱ 兌上缺

☴ 巽下斷

附錄三　上下經卦名次序歌

乾坤屯蒙需訟師，比小畜兮履泰否。

同人大有謙豫隨，蠱臨觀兮噬嗑賁。

剝復無妄大畜頤，大過坎離三十備。

咸恆遯兮及大壯，晉與明夷家人睽。

蹇解損益夬姤萃，升困井革鼎震繼。

艮漸歸妹豐旅巽，兌渙節兮中孚至。

小過既濟兼未濟，是為下經三十四。

附錄四

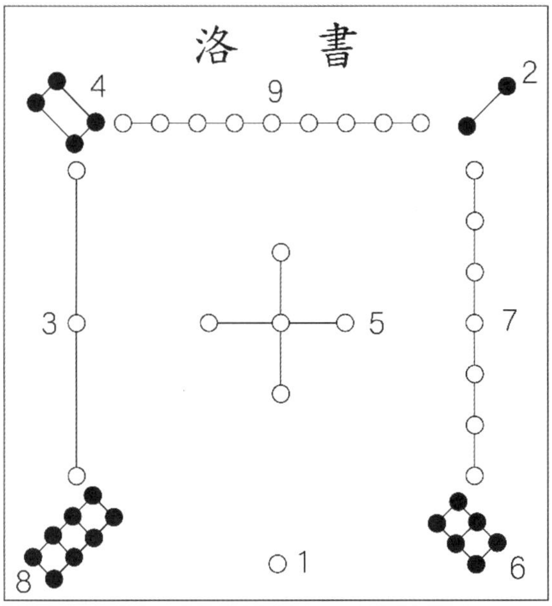

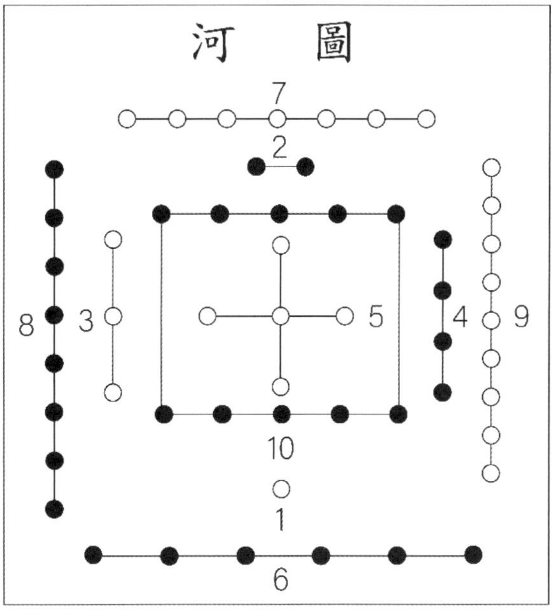

附錄五

周文王後天八卦

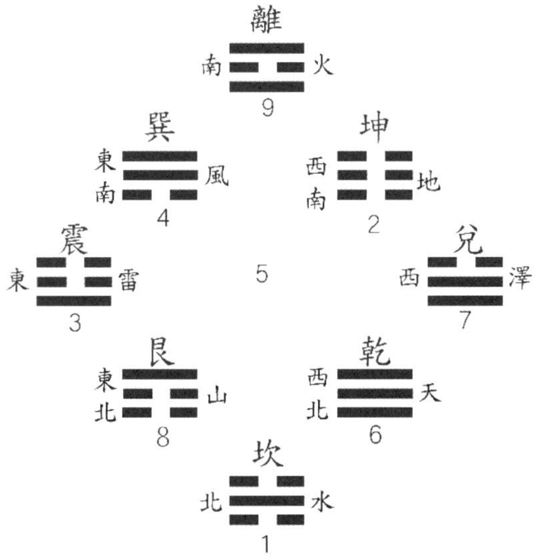

伏羲先天八卦

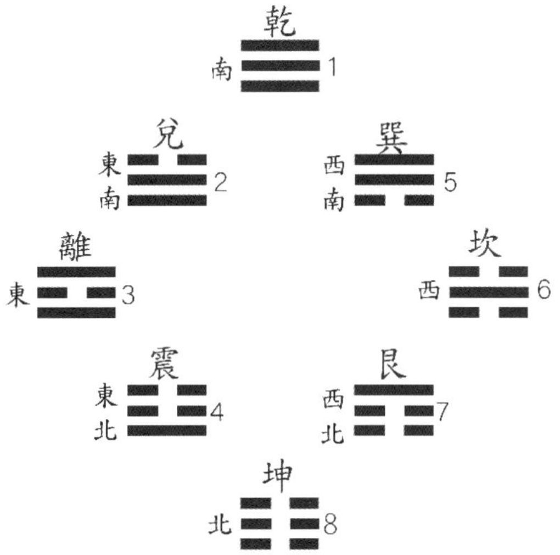

附錄六 《火珠林》金錢卦占筮法

金錢卦占筮法：至誠之心默禱，祈求諸位易經作者……古聖先賢指點迷津

1. 先找尋台幣三枚五元硬幣，和一隻油性簽字筆，在銅板正面寫上「正」字，銅板背面寫上「反」字。
2. 將三枚銅板全放在兩手掌中，誠心默念想要知道答案的事情。
3. 默念完成，將三枚硬幣擲於桌上，端看硬幣出現幾個正字幾個反字。
4. 如果三正面就是老陽，用一條線⼀爲陽爻，拿一張紙在最底下劃一橫線，三個反面是老陰 --。
5. 一次擲三枚硬幣，得一個爻，總共6次，將結果寫在一張紙上，依序由下往上寫：

   第一次爲初爻、第二次爲二爻、第三次爲三爻……第六次爲上爻。
6. 每次擲出的三枚硬幣，如果占得三個正面，就是老陽⼀、三個反面就是老陰 --，一正兩反就畫少陽⼀、一反兩正就畫少陰 --。
7. 若六爻之中，如占得老陽⼀和老陰 --的位子，請務必在爻的旁邊打勾作記號並視爲動爻，少陽或少陰不必做記號。
8. 將六爻圓滿寫下後，即爲完整的卦，再去研究占得此卦的涵義。

周易　上經

䷀

乾上　乾下　乾卦

●乾。元亨，利貞。

○彖曰：大哉乾元，萬物資始，乃統天。雲行雨施，品物流行。大明終始，六位時成，時乘六龍以御天。乾道變化，各正性命，保合太和，乃利貞。首出庶物，萬國咸寧。

○象曰：天行健，君子以自彊不息。

●文言曰：元者，善之長也；亨者，嘉之會也；利者，義之和也；貞者，事之幹也。君子體仁，足以長人；

嘉會，足以合禮；利物，足以和義；貞固，足以幹事；君子行此四德者。故曰：「乾，元亨利貞。」

○乾元者，始而亨者也；利貞者，性情也。乾始，能以美利利天下，不言所利，大矣哉！大哉乾乎！剛健中正，純粹精也；六爻發揮，旁通情也；時乘六龍，以御天也；雲行雨施，天下平也。

●初九，潛龍勿用。

○初九曰「潛龍勿用」，何謂也？子曰：「龍德而隱者也。不易乎世，不成乎名，遯世无悶，不見是而无悶，樂則行之，憂則違之，確乎其不可拔，潛龍也。」

○潛龍勿用，下也。

○潛龍勿用，陽氣潛藏。

○君子以成德為行，日可見之行也。潛之為言也，隱而未見，行而未成，是以君子弗用也。

●九二，見龍在田，利見大人。

○九二曰「見龍在田，利見大人」何謂也？子曰：「龍德而正中者也。庸言之信，庸行之謹，閑邪存其誠，善世而不伐，德博而化。易曰：『見龍在田，利見大人』，君德也。」

○見龍在田，時舍也。

○見龍在田，天下文明。

○君子學以聚之，問以辯之，寬以居之，仁以行之。易曰：「見龍在田，利見大人」，君德也。

●九三，君子終日乾乾，夕惕若；厲，无咎。

○九三曰「君子終日乾乾，夕惕若，厲无咎」，何謂也？子曰：「君子進德修業。忠信，所以進德也；修辭立其誠，所以居業也。知至至之，可與幾也；知終終之，可與存義也。是故居上位而不驕，在下位而不憂。故乾乾因其時而惕，雖危，无咎矣。」

○終日乾乾，行事也。

○終日乾乾，與時偕行。

○九三重剛而不中，上不在天，下不在田，故乾乾因其時而惕，雖危无咎矣。

●九四，或躍在淵，无咎。

○九四曰「或躍在淵，无咎」，何謂也？子曰：「上下无常，非為邪也；進退无恆，非離群也。君子進德修業，欲及時也；故无咎。

○或躍或躍在淵，自試也。

○或躍在淵，乾道乃革。

○九四重剛而不中，上不在天，下不在田，中不在人，故或之。或之者，疑之也，故无咎。

●九五，飛龍在天，利見大人。

○九五曰「飛龍在天，利見大人」，何謂也？子曰：「同聲相應，同氣相求。水流濕、火就燥，雲從龍、風從虎；聖人作，而萬物睹！本乎天者親上，本乎地者親下，則各從其類也。」

○飛龍在天，上治也。

○飛龍在天，乃位乎天德。

○九五曰：夫大人者，與天地合其德，與日月合其明，與四時合其序，與鬼神合其吉凶。先天而天弗違，後天而奉天時。

天且弗違，而況於人乎？況於鬼神乎？

●上九，亢龍有悔。

○上九曰「亢龍有悔」，何謂也？子曰：「貴而无位，高而无民，賢人在下位而无輔，是以動而有悔也。」

○亢龍有悔，窮之災也。

○亢龍有悔，與時偕極。

○上九曰：亢之為言也，知進而不知退，知存而不知亡，知得而不知喪。其唯聖人乎！

●用九，見群龍无首，吉。

○乾元用九，天下治也。

○乾元用九，乃見天則。

○知進退存亡，而不失其正者，其唯聖人乎！

●說曰：乾以君之。戰乎乾。乾，西北之卦也，言陰陽相薄也。乾，健也。乾為馬。乾為首。乾，天也，故稱乎父。乾為天、為圜、為君、為父、為玉、為金、為寒、為冰、為大赤、為老馬、為良馬、為瘠馬、為駁馬、為木果。

●孔明：初爻，天門一掛榜，預定奪標人，馬嘶芳草地，秋高聽鹿鳴。二爻，地有神，甚威靈，興邦輔國，尊主庇民。三爻，長安花不可及，春風中馬蹄疾，急早加鞭，驟然生色。四爻，春花嬌媚，不禁雨打風飄，秋菊幽芳，反耐霜凌雪傲。五爻，春雷震，夏風巽，臥龍起，猛虎驚，風雲會合，救濟蒼生。上爻，非玄非奧，非淺非深，一個妙道，著意搜尋。

䷁

坤上　坤下

坤卦

●坤。元亨，利牝馬之貞。君子有攸往，先迷，後得，主利。西南得朋，東北喪朋。安貞，吉。

○彖曰：至哉坤元，萬物資生，乃順承天。坤厚載物，德合无疆；含弘光大，品物咸亨。牝馬地類，行地无疆；柔順利貞，君子攸行。先迷失道，後順得常。西南得朋，乃與類行；東北喪朋，乃終有慶。安貞之吉，應地无疆。

○象曰：地勢坤，君子以厚德載物。

●初六，履霜，堅冰至。

○象曰：履霜堅冰，陰始凝也；馴致其道，至堅冰也。

○積善之家，必有餘慶；積不善之家，必有餘殃。臣弒其君，子弒其父，非一朝一夕之故，其所由來者漸矣，由辯之不早辯也。易曰：「履霜堅冰至。」，蓋言順也。

●六二，直方大，不習无不利。

○象曰：六二之動，直以方也；不習无不利，地道光也。

○直，其正也；方，其義也。君子敬以直內，義以方外，敬義立而德不孤。直方大，不習无不利，則不疑其所行也。

●六三，含章可貞，或從王事，无成有終。

○象曰：含章可貞，以時發也；或從王事，知光大也。

○陰雖有美含之，以從王事，弗敢成也。地道也，妻道也，臣道也。地道无成而代有終也。

●六四，括囊，无咎无譽。

○象曰：括囊无咎，慎不害也。

○天地變化，草木蕃；天地閉，賢人隱。易曰：「括囊无咎无譽」，蓋言謹也。

●六五，黃裳，元吉。

○象曰：黃裳元吉，文在中也。

○君子黃中通理，正位居體。美在其中，而暢於四支，發於事業，美之至也。

●上六，龍戰于野 其血玄黃。

○象曰：龍戰于野，其道窮也。

○陰疑於陽，必戰。為其嫌於无陽也，故稱龍焉；猶未離其類也，故稱血焉。夫玄黃者，天地之雜也，天玄而地黃。

●用六，利永貞

○象曰：用六永貞，以大終也。

○文言曰：坤，至柔而動也剛，至靜而德方，後得主而有常，含萬物而化光。坤道其順乎！承天而時行。

○積善之家，必有餘慶；積不善之家，必有餘殃。臣弒其君，子弒其父，非一朝一夕之故，其所由來者漸矣，由辯之不早辯也。《易》曰「履霜、堅冰至」，蓋言順也。「直」其正也，「方」其義也。君子敬以直內，義以方外，敬義立而德不孤。「直、方、大、不習无不利」，則不疑其所行也。陰雖有美「含」之以從王事，弗敢成也。地道也，妻道也，臣道也。地道「无成」而代「有終」也。天地變化，草木蕃。天地閉，賢人隱。《易》曰「括囊、无咎无譽」，蓋言謹也。君子「黃」中通理，正位居體，美在其中而暢於四支，發於事業，美之至也。

○陰疑於陽必「戰」，為其嫌於无陽也，故稱「龍」焉。猶未離其類也，故稱「血」焉。夫「玄黃」者、天地之雜也。天玄而地黃。

●說曰：坤以藏之。致役乎坤。坤也者，地也，萬物皆致養焉，故曰致役乎坤。坤，順也。坤為牛。坤為腹。坤，地也，故稱乎母。坤為地、為母、為布、為釜、為吝嗇、為均、為子母牛、為大輿、為文、為眾、為柄、其於地也為黑。

●孔明：初爻，受君之祿，久降禎祥，盈而不覆，守之乃昌，毋怠毋驕，永保安康。二爻，萬事不由人計較，一生盡是命安排，莫疑猜，命裡有時總有分，何須碌碌混塵埃。三爻，一片憂心未肯休，花逢春雨艷難留，得意歸休，失意歸休，仙家只此一籌謀。四爻，兩女一夫，上下相袪，陰氣乘陽，用是耗虛。五爻，雙燕歸南國，來尋王謝家，華堂春盡靜，進此托生涯。上爻，命運蹇兮時違，災殃及兮身疲，望皇天兮不我顧，嗟我親兮病斯危。

䷂

坎上 震下

屯卦

●序卦傳曰：有天地，然後萬物生焉，盈天地之間者為萬物，故受之以屯。屯者，盈也；屯者，物之始生也。

●屯，元亨，利貞。勿用有攸往，利建侯。

○彖曰：屯，剛柔始交而難生。動乎險中，大亨貞。雷雨之動滿盈，天造草昧，宜建侯而不寧。

○象曰：雲雷，屯；君子以經綸。

●初九，磐桓，利居貞，利建侯。

○象曰：雖磐桓，志行正也；以貴下賤，大得民也。

●六二，屯如邅如；乘馬班如，匪寇，婚媾；女子貞不字，十年乃字。

○象曰：六二之難，乘剛也；十年乃字，反常也。

●六三，即鹿无虞，稚入于林中；君子幾，不如舍，往吝。

○象曰：即鹿无虞，以從禽也；君子舍之，往吝，窮也。

●六四，乘馬班如，求婚媾；往，吉，无不利。

○象曰：求而往，明也。

●九五，屯其膏。小，貞吉；大，貞凶。

○象曰：屯其膏，施未光也。

●上六，乘馬班如，泣血漣如。

○象曰，泣血漣如，何可長也？

●孔明：初爻，來去原無定處，時來時去安身，跋涉無慮，榮辱不聞。二爻，有志長成水局，時遇火反發福，不必過憂煎，人心苦不足。三爻，黑夜裡，同前往，一有值，要共享，牢牢記，須結黨。四爻，蟄龍已出世，頭角首先成，雲興雨澤，得濟蒼生。五爻，火勢薰天，天邊盡赤，際遇水源，庶有底格。上爻，向南有大道，乘馬入杭城，不知吳人唱，更有一知音。

䷃

艮上　坎下

蒙卦

●序卦傳曰：物生必蒙，故受之以蒙。蒙者，蒙也，物之穉也。

●蒙。亨。匪我求童蒙，童蒙求我。初筮告，再三瀆，瀆則不告。利貞。

◯彖曰：蒙，山下有險，險而止，蒙。蒙，亨，以亨行時中也；匪我求童蒙，童蒙求我，志應也；初筮告，以剛中也；再三瀆，瀆則不告，瀆蒙也。蒙以養正，聖功也。

○象曰：山下出泉，蒙；君子以果行育德。

●初六，發蒙，利用刑人，用說桎梏；以往，吝。

○象曰：利用刑人，以正法也。

●九二，包蒙，吉。納婦，吉；子克家。

○象曰：子克家，剛柔接也。

●六三，勿用取女。見金夫，不有躬，无攸利。

○象曰：勿用取女，行不順也。

●六四，困蒙，吝。

○象曰：困蒙之吝，獨遠實也。

●六五，童蒙，吉。

○象曰：童蒙之吉，順以巽也。

●上九，擊蒙，不利為寇，利禦寇。

○象曰：利用禦寇，上下順也。

●孔明：初爻，天上風，天邊月，月白風清，兩兩相得。二爻，葉歸根，長立天地，水清源，長流河海，人得金丹，長生淵匯。三爻，乘馬去長安，看花花正發，一日雨來淋，香色盡凋零。四爻，木長春天根幹老，子實三秋枝葉凋，不凋不謝，不見根牢。五爻，叫道叫道，天將明了，何不伸首舒眉，反做蓬蒿到老。上爻，藥餌真，服了寧，三劑後，足分明，神中神，清得清，固得緊，可長生。

䷄

坎上 乾下

需卦

●序卦傳曰：物穉不可不養也，故受之以需。需者，飲食之道也。

○需。有孚，光亨，貞吉，利涉大川。

○彖曰：需，須也；險在前也，剛健而不陷，其義不困窮矣。需，有孚，光亨，貞吉，位乎天位，以正中也。利涉大川，往有功也。

○象曰：雲上於天，需；君子以飲食宴樂。

●初九，需于郊，利用恆，无咎。

○象曰：需于郊，不犯難行也；利用恆，无咎，未失常也。

●九二，需于沙，小有言，終吉。

○象曰：需于沙，衍在中也；雖小有言，以吉終也。

●九三，需于泥，致寇至。

○象曰：需于泥，災在外也；自我致寇，敬慎不敗也。

●六四，需于血，出自穴。

○象曰：需于血，順以聽也。

●九五，需于酒食，貞吉。

○象曰：酒食貞吉，以中正也。

●上六，入于穴，有不速之客三人來，敬之終吉。

○象曰：不速之客來，敬之終吉；雖不當位，未大失也。

●孔明：初爻，檻欄起火，孽畜遭殃，預防得力，滅火成康。二爻，已遂心頭願，始知志氣伸，三山須把握，四海定通津。三爻，福星照映，桂子香聞，滿天星斗，光耀逼人。四爻，東南北將來成故墟，燕薊地蒼生無存濟，若要大奮雄心，水源不知何處？五爻，何事慢躊躇，死有日，生有時，飄然一往，心上無疑。上爻，旭日正當空，光輝宇宙中，漢家火聖德，僅退自從容。

乾上　坎下

訟卦

● 序卦傳曰：飲食必有訟，故受之以訟。

○ 訟，有孚窒，惕，中吉；終凶。利見大人，不利涉大川。

○ 彖曰：訟，上剛下險，險而健，訟。訟，有孚窒，惕，中吉，剛來而得中也；終凶，訟不可成也；利見大人，尚中正也；不利涉大川，入于淵也。

○ 象曰：天與水違行，訟；君子以作事謀始。

● 初六，不永所事，小有言，終吉。

○ 象曰：不永所事，訟不可長也；雖小有言，其辯明也。

● 九二，不克訟，歸而逋，其邑人三百戶，无眚。

○象曰：不克訟，歸逋竄也；自下訟上，患至掇也。

●六三，食舊德，貞厲，終吉；或從王事，无成。

○象曰：食舊德，從上吉也。

●九四，不克訟，復即命；渝，安貞，吉。

○象曰：復即命，渝，安貞不失也。

●九五，訟，元吉。

○象曰：訟，元吉，以中正也。

●上九，或錫之鞶帶，終朝三褫之。

○象曰：以訟受服，亦不足敬也。

●孔明：初爻，離別間，雖不易，同伴行，猶不滯，早早起程，免他失意。二爻，樂之極憂將至，天水分明吉與凶，未能光大終幽暗，日落西山返照中。三爻，歷過波濤三五重，誰知浪靜又無風，須教明達青雲路，用舍行藏不費功。四爻，月缺又重圓，枯枝色更鮮，一條夷坦路，翹首望青天。五爻，行路難行路難，今日方知行路難，前程廣大何足慮，瓊力今朝度此灘。上爻，春景明，春色新，春意傍水生，春天無限好，好去宴瓊林。

坤上 坎下 師卦

●序卦傳曰：訟必有眾起，故受之以師。師者，眾也。

○師。貞，丈人吉，无咎。

○彖曰：師，眾也；貞，正也；能以眾正，可以王矣。剛中而應，行險而順，以此毒天下，而民從之，吉又何咎矣！

○象曰：地中有水，師；君子以容民畜眾。

●初六，師出以律。否臧凶。

○象曰：師出以律，失律凶也。

●九二，在師，中，吉，无咎，王三錫命。

○象曰：在師中吉，承天寵也；王三錫命，懷萬邦也。

●六三，師或輿尸，凶。

○象曰：師或輿尸，大无功也。

●六四，師左次，无咎。

○象曰：左次无咎，未失常也。

●六五，田有禽，利執言，无咎。長子帥師，弟子輿尸，貞凶。

○象曰：長子帥師，以中行也；弟子輿尸，使不當也。

●上六，大君有命，開國承家，小人勿用。

○象曰：大君有命，以正功也；小人勿用，必亂邦也。

●孔明：初爻，雲橫山際水茫茫，千里長途望故鄉，蹇厄事來君莫恨，倚門惆悵立斜陽。二爻，風波今已息，舟楫遇安流，自此功名遂，何須歎白頭。三爻，望到平安地，江山萬里程，綠楊芳草處，風快馬蹄輕。四爻，鵰鶚當秋勢轉雄，乘風分翼到蟾宮，榮華若問將來事，先後名聲達九重。五爻，鼠為患終宵不得寧，貓兒一叫幾夜太平，人豈不如獸，其理甚分明。上爻，兩人在旁，太陽在上，照汝一寸心，仙機曾否明。

坎上　坤下

比卦

●序卦傳曰：眾必有所比，故受之以比。比者，比也。

○比。吉。原筮，元永貞，无咎。不寧方來，後夫凶。

○彖曰：比，吉也；比，輔也，下順從也。原筮元永貞，无咎，以剛中也。不寧方來，上下應也。後夫凶，其道窮也。

○象曰：地上有水，比；先王以建萬國，親諸侯。

●初六，有孚比之，无咎。有孚盈缶，終來有它吉。

○象曰：比之初六，有它吉也。

●六二，比之自內，貞吉。

○象曰：比之自內，不自失也。

●六三，比之匪人。

○象曰：比之匪人，不亦傷乎？

●六四，外比之，貞吉。

○象曰：外比於賢，以從上也。

●九五，顯比。王用三驅，失前禽，邑人不誡，吉。

○象曰：顯比之吉，位正中也；舍逆取順，失前禽也；邑人不誡，上使中也。

●上六，比之无首，凶。

○象曰：比之无首，无所終也。

●孔明：初爻，躬耕隴畝，形神似勞，無拘無束，其樂陶陶。二爻，禍來見鬼，鬼病淹纏，金羊得路，身脫災殃。三爻，急起行，急起行，前途去，結同盟，隻手擎天柱，史冊好標名。四爻，深山據猛虎，虎嘯出山窩，揚威抖擻，何怕人多。五爻，三天門，四地位，布陣成，明聚路，軍馬齊奔，鳴鼓進步。上爻，山山山，山上建茅菴，不比人間棟宇，卻如天上雲曇。

䷈

巽上　乾下

小畜卦

●序卦傳曰：比必有所畜，故受之以小畜。

○小畜。亨。密雲不雨，自我西郊。

○彖曰：小畜。柔得位而上下應之，曰小畜。健而巽，剛中而志行，乃亨。密雲不雨，尚往也；自我西郊，施未行也。

○象曰：風行天上，小畜；君子以懿文德。

●初九，復自道，何其咎？吉。

○象曰：復自道，其義吉也。

●九二，牽復，吉。

○象曰：牽復在中，亦不自失也。

●九三，輿說輻，夫妻反目。

○象曰：夫妻反目，不能正室也。

●六四，有孚，血去惕出，无咎。

○象曰：有孚惕出，上合志也。

●九五，有孚攣如，富以其鄰。

○象曰：有孚攣如，不獨富也。

●上九，既雨既處，尚德載；婦貞厲，月幾望；君子征凶。

○象曰：既雨既處，德積載也；君子征凶，有所疑也。

●孔明：初爻，雀噪高枝上，行人古渡頭，半途不了事，日暮轉生愁。二爻，鑿石得玉，淘沙得珠，眼前目下，何用躊躇。三爻，無端風雨催春去，落盡枝頭桃李花，桃畔有人歌且哭，知君心事亂如麻。四爻，閬苑一時春，庭前花柳新，傳來好信息，草木盡欣欣。五爻，門外事重疊，陰人多遇合，賢女雖助巧，渺渺終難洽。上爻，事有善，面有光，終始好商量，壺中日月長。

䷉

乾上 兌下

履卦

●序卦傳曰：物畜然後有禮，故受之以履。

○履虎尾，不咥人，亨。

○彖曰：履，柔履剛也；說而應乎乾，是以履虎尾，不咥人，亨。剛中正，履帝位而不疚，光明也。

○象曰：上天下澤，履；君子以辯上下，定民志。

●初九，素履，往无咎。

○象曰：素履之往，獨行願也。

●九二，履道坦坦，幽人貞吉。

○象曰：幽人貞吉，中不自亂也。

●六三，眇能視，跛能履，履虎尾，咥人，凶。武人為于大君。

○象曰：眇能視，不足以有明也。跛能履，不足以與行也。咥人之凶，位不當也。武人為于大君，志剛也。

●九四，履虎尾，愬愬，終吉。

○象曰：愬愬終吉，志行也。

●九五，夬履，貞厲。

○象曰：夬履貞厲，位正當也。

●上九，視履考祥，其旋元吉。

○象曰：元吉在上，大有慶也。

●孔明：初爻，君須悟，勿誤疑，有平路，任驅馳，隨時變易，件件咸宜。二爻，虎巒高山別有機，眾人目下尚狐疑，雁來嘹嚦黃花發，此際聲名達帝畿。三爻，貴客相逢更可期，庭前枯木鳳來儀，好將短事求長事，休聽旁人說是非。四爻，嘹嚦征鴻獨出群，高飛羽翼更糾紛，雲程北進好音遂聞，朝雲暮雨交加有憑。五爻，無蹤又無跡，遠近均難覓，平地起風波，似笑還成泣。上爻，神黯黯，意悠悠，收卻線，莫下鉤。

䷊ 泰卦

坤上　乾下

● 序卦傳曰：履而泰，然後安，故受之以泰。泰者，通也。

○泰。小往大來，吉亨。

○彖曰：泰，小往大來，吉亨。則是天地交而萬物通也，上下交而其志同也，內陽而外陰，內健而外順，內君子而外小人，君子道長，小人道消也。

○象曰：天地交，泰，后以財成天地之道，輔相天地之宜，以左右民。

● 初九，拔茅茹，以其彙，征吉。

○象曰：拔茅征吉，志在外也。

●九二，包荒，用馮河；不遐遺，朋亡，得尚于中行。

○象曰：包荒，得尚于中行，以光大也。

●九三，无平不陂，无往不復；艱貞，无咎；勿恤其孚，于食有福。

○象曰：无往不復，天地際也。

●六四，翩翩不富以其鄰，不戒以孚。

○象曰：翩翩不富，皆失實也。不戒以孚，中心願也。

●六五，帝乙歸妹，以祉元吉。

○象曰：以祉元吉，中以行願也。

●上六，城復于隍，勿用師，自邑告命，貞吝。

○象曰：城復于隍，其命亂也。

●孔明：初爻，與其日營營，何如夜忖忖，日裡多勞形，夜間卻安穩。二爻，東風來，花自開，大家同喝采，暢飲酒三杯。三爻，疏食飲水，樂在其中，膏粱美味，反使心蒙。四爻，黃牛闢土，大力開疆，西成時候，穀米盈倉。五爻，蛇可化龍，頭角將出，平地一聲雷，方顯龍蛇力。上爻，九華山頂，紫氣騰騰，異盡一舟，取去前行。

䷋

乾上　坤下

否卦

●序卦傳曰：物不可以終通，故受之以否。

○否之匪人，不利君子貞，大往小來。

○彖曰：否之匪人，不利君子貞，大往小來。則是天地不交而萬物不通也，上下不交而天下无邦也，內陰而外陽，內柔而外剛，內小人而外君子，小人道長，君子道消也。

○象曰：天地不交，否；君子以儉德辟難，不可榮以祿。

●初六，拔茅茹，以其彙，貞吉，亨。

○象曰：拔茅貞吉，志在君也。

●六二，包承，小人吉，大人否，亨。

○象曰：大人否亨，不亂群也。

●六三，包羞。

○象曰：包羞，位不當也。

●九四，有命，无咎，疇離祉。

○象曰：有命无咎，志行也。

●九五，休否，大人吉。其亡其亡，繫于苞桑。

○象曰：大人之吉，位正當也。

●上九，傾否，先否後喜。

○象曰：否終則傾，何可長也。

●孔明：初爻，無上去，在前頭，回頭一悟，繩韁好收，千條萬線路常在，自好搜求。二爻，四顧無門路，桃源路可通，修煉成正果，萬歲壽如松。三爻，不用慌，不用忙，自有駐足鄉，鳴鼓響鐘地，三寶見門牆。四爻，奔波一世，總是虛浮，無常一到萬事休，急早回頭。五爻，真真真，人不識，真真真，神有靈，歸宗返本，方是元精。上爻，走盡天涯，風霜歷遍，不如問人三天，漸漸有回首見。

●繫辭曰：子曰：「危者，安其位者也；亡者，保其存者也；亂者，有其治者也。是故，君子安而不忘危，存而不忘亡，治而不忘亂；是以身安而國家可保也。易曰：『其亡其亡，繫于苞桑』。」

乾上 離下

同人卦

●序卦傳曰：物不可以終否，故受之以同人。

○同人。于野，亨。利涉大川，利君子貞。

○彖曰：同人，柔得位得中而應乎乾，曰同人。同人曰：同人于野，亨，利涉大川，乾行也。文明以健，中正而應，君子正也。唯君子為能通天下之志。

○象曰：天與火，同人；君子以類族辨物。

●初九，同人于門，无咎。

○象曰：出門同人，又誰咎也。

●六二，同人于宗，吝。

●九三，伏戎于莽，升其高陵，三歲不興。

○象曰：伏戎于莽，敵剛也；三歲不興，安行也。

●九四，乘其墉，弗克攻，吉。

○象曰：乘其墉，義弗克也；其吉，則困而反則也。

●九五，同人，先號咷而後笑，大師克相遇。

○象曰：同人之先，以中直也；大師相遇，言相克也。

●上九，同人于郊，无悔。

○象曰：同人于郊，志未得也。

●孔明：初爻，得意宜逢婦，前程去有緣，利名終有望，三五月團圓。二爻，鼎沸起風波，孤舟要渡河，巧中卻藏拙，人事轉蹉跎。三爻，意在閒中信未來，故人千里自徘徊，天邊雁足傳消息，一點梅花春色回。四爻，心和同，事知同，門外好施功，交加事有終。五爻，欲行還止，徘徊不已，藏玉懷珠，寸心千里。

上爻，心戚戚，口啾啾，一番思慮一番憂，說了休時又不休。

●繫辭曰：「同人，先號咷而後笑。」子曰：「君子之道，或出或處，或默或語，二人同心，其利斷金。同心之言，其臭如蘭。」

䷍

離上 乾下 大有卦

●序卦傳曰：與人同者，物必歸焉，故受之以大有。

○大有。元亨。

○彖曰：大有，柔得尊位，大中，而上下應之，曰大有。其德剛健而文明，應乎天而時行，是以元亨。

○象曰：火在天上，大有；君子以遏惡揚善，順天休命。

●初九，无交害，匪咎，艱則无咎。

○象曰：大有初九，无交害也。

●九二，大車以載，有攸往，无咎。

○象曰：大車以載，積中不敗也。

●九三，公用享于天子，小人弗克。

○象曰：公用享于天子，小人害也。

●九四，匪其彭，无咎。

○象曰：匪其彭，无咎，明辨晢也。

●六五，厥孚交如，威如，吉。

○象曰：厥孚交如，信以發志也；威如之吉，易而无備也。

●上九，自天祐之，吉无不利。

○象曰：大有上吉，自天祐也。

●孔明：初爻，虎伏在路途，行人莫亂呼，路旁須仔細，災禍自然無。二爻，和不和，同不同，翻雲覆雨幾成空，進退須防終少功。三爻，東邊事，西邊成，風物月華明，高樓弄笛聲。四爻，事團圓，物周旋，一來一往，平步青天。五爻，淺水起風波，平地生荊棘，言語慮參商，猶恐無端的。上爻，秋月雲開後，薰風雨過時，若逢楚國舊知己，等閒一薦不須疑。

●繫辭曰：易曰：「自天祐之，吉无不利。」子曰：「祐者，助也。天之所助者，順也；人之所助者，信也。履信思乎順，又以尚賢也。『是以自天祐之，吉无不利』也。」

䷎

坤上　艮下

謙卦

●序卦傳曰：有大者不可以盈，故受之以謙。

○謙。亨，君子有終。

○彖曰：謙亨。天道下濟而光明，地道卑而上行。天道虧盈而益謙，地道變盈而流謙，鬼神害盈而福謙，人道惡盈而好謙；謙尊而光，卑而不可踰，君子之終也。

○象曰：地中有山，謙；君子以裒多益寡，稱物平施。

●初六，謙謙君子，用涉大川，吉。

○象曰：謙謙君子，卑以自牧也。

●六二，鳴謙，貞吉。

○象曰：鳴謙貞吉，中心得也。

●九三，勞謙，君子有終，吉。

○象曰：勞謙君子，萬民服也。

●六四，无不利，撝謙。

○象曰：无不利，撝謙，不違則也。

●六五，不富以其鄰，利用侵伐，无不利。

○象曰：利用侵伐，征不服也。

●上六，鳴謙，利用行師，征邑國。

○象曰：鳴謙，志未得也；可用行師，征邑國也。

●孔明：初爻，採藥天臺路轉迷，桃花流水賦佳期，春風啼鳥多情思，寄語劉郎且莫歸。二爻，出溫入寒，被薄衣單，去我慈航，難解橫愆。三爻，三人三口放在一斗，滿而溢，子自得。四爻，誰說故鄉無滋味，飄零湖海在天涯，任咨嗟，中秋月隱春雨淋花，多少征人長憶家。五爻，雲散月當頭，牛前馬後逢，張弓方抵禦，一箭定全功。上爻，馬進徐行似有程，月沈西海日東升，運來何必勞心力，風送江湖萬里清。

●繫辭曰：「勞謙，君子有終，吉。」子曰：「勞而不伐，有功而不德，厚之至也，語以其功下人者也。德言盛，禮言恭，謙也者，致恭以存其位者也。」

䷏ 震上 坤下 豫卦

●序卦傳曰：有大而能謙，必豫，故受之以豫。

○豫。利建侯行師。

○彖曰：豫，剛應而志行，順以動，豫。豫，順以動，故天地如之，而況建侯行師乎？天地以順動，故日月不過而四時不忒；聖人以順動，則刑罰清而民服。豫之時義大矣哉！

○象曰：雷出地奮，豫；先王以作樂崇德，殷薦之上帝，以配祖考。

●初六，鳴豫，凶。

○象曰：初六鳴豫，志窮凶也。

●六二，介于石，不終日，貞吉。

○象曰：不終日貞吉，以中正也。

●六三，盱豫，悔；遲，有悔。

○象曰：盱豫有悔，位不當也。

●九四，由豫，大有得；勿疑，朋盍簪。

○象曰：由豫，大有得，志大行也。

●六五，貞疾，恆不死。

○象曰：六五貞疾，乘剛也；恆不死，中未亡也。

●上六，冥豫，成有渝，无咎。

○象曰：冥豫在上，何可長也。

●孔明：初爻，莫道事無訛，其中進退多，桂輪圓又缺，光彩更消磨。二爻，莫歎事遲留，休言不到頭，長竿終入手，一釣上金鉤。三爻，事稱應有忌，未為恐先躓，欲往且遲遲，還須借勢力。四爻，足不安，輿不安，兩兩事相得，憂來卻又歡。五爻，鼎折足，車脫輻，有貴人，重整續。上爻，參詳言語，波濤揚沸，事久無傷，時間不利。

●繫辭曰：子曰：「知幾其神乎？君子上交不諂，下交不瀆，其知幾乎，幾者動之微，吉之先見者也，君子見幾而作，不俟終日。易曰：『介于石，不終日，貞吉。』介如石焉，寧用終日，斷可識矣，君子知微知彰，知柔知剛，萬夫之望。」

䷐

兌上　震下

隨卦

●序卦傳曰：豫必有隨，故受之以隨。

○隨。元亨，利貞，无咎。

○彖曰：隨，剛來而下柔，動而說，隨。大亨貞，无咎，而天下隨時。隨時之義大矣哉！

○象曰：澤中有雷，隨；君子以嚮晦入宴息。

●初九，官有渝，貞吉；出門交有功。

○象曰：官有渝，從正吉也；出門交有功，不失也。

●六二，係小子，失丈夫。

○象曰：係小子，弗兼與也。

●六三，係丈夫，失小子。隨有求得，利居貞。

○象曰：係丈夫，志舍下也。

●九四，隨有獲，貞凶。有孚在道，以明，何咎？

○象曰：隨有獲，其義凶也。有孚在道，明功也。

●九五，孚于嘉，吉。

○象曰：孚于嘉，吉，位正中也。

●上六，拘係之，乃從；維之，王用亨于西山。

○象曰：拘係之，上窮也。

●孔明：初爻，橋已斷，路不通，登舟理楫，又遇狂風。二爻，深潭月，照鏡影，一場空，安報信。三爻，湖海意悠悠，煙波下釣鉤，若逢龍與蛇，名利一齊周。四爻，物不牢，人斷橋，重整理，慢心高。五爻，入門花燦爛，出門月闌珊，懨懨到再三，交加意不堪。上爻，事遲志速，且添反覆，水到渠成，歲寒果熟。

䷑

艮上　巽下

蠱卦

●序卦傳曰：以喜隨人者必有事，故受之以蠱。蠱者，事也。

○蠱。元亨，利涉大川。先甲三日，後甲三日。

○彖曰：蠱，剛上而柔下，巽而止，蠱。蠱，元亨而天下治也。利涉大川，往有事也。先甲三日，後甲三日，終則有始，天行也。

○象曰：山下有風，蠱；君子以振民育德。

●初六，幹父之蠱，有子，考无咎，厲，終吉。

○象曰：幹父之蠱，意承考也。

●九二，幹母之蠱，不可貞。

○象曰：幹母之蠱，得中道也。

●九三，幹父之蠱，小有悔，无大咎。

○象曰：幹父之蠱，終无咎也。

●六四，裕父之蠱，往，見吝。

○象曰：裕父之蠱，往未得也。

●六五，幹父之蠱，用譽。

○象曰：幹父用譽，承以德也。

●上九，不事王侯，高尚其事。

○象曰：不事王侯，志可則也。

●孔明：初爻，三天曾結社，四海盡知名，長騎駿馬，直入天庭。二爻，閒來夫子處，偶然遇一人，童顏鶴髮，笑裡生春。三爻，閒雲野鶴望東行，惟有鄉人便是知音，經營佈置兩三春，聯街燈火後，錦帆前程。四爻，漢水無情，蜀水澄清，黃河滾滾，四處煙塵。五爻，潛龍已受困，尚不見雲興，佇看雲四合，飛去到天庭。上爻，此處滋味濃，濃艷不耐久，何如談笑生風，倒好東奔西走。

坤上 兌下

臨卦

●序卦傳曰：有事而後可大，故受之以臨。臨者，大也。

○臨。元亨，利貞。至于八月有凶。

○彖曰：臨，剛浸而長，說而順，剛中而應，大亨以正，天之道也。至于八月有凶，消不久也。

○象曰：澤上有地，臨；君子以教思无窮，容保民无疆。

●初九，咸臨，貞吉。

○象曰：咸臨貞吉，志行正也。

●九二，咸臨，吉，无不利。

○象曰：咸臨，吉无不利，未順命也。

●六三，甘臨，无攸利。既憂之，无咎。

○象曰：甘臨，位不當也；既憂之，咎不長也。

●六四，至臨，无咎。

○象曰：至臨无咎，位當也。

●六五，知臨，大君之宜，吉。

○象曰：大君之宜，行中之謂也。

●上六，敦臨，吉，无咎。

○象曰：敦臨之吉，志在內也。

●孔明：初爻，東閣筵開，佳客自來，高歌唱和，展挹舒懷。二爻，世界似清寧，不知辭已休，打疊要小心，須防遭火毒。三爻，跳龍門，須激浪，雷電轟轟，踴躍萬丈。四爻，山上有古松，亭亭沖漢斗，幹老枝更長，天地生存久。五爻，誹謗言，勿計論，到頭來，數已定，碌碌浮生，不如安分。上爻，一頭豬，可祭天地，雖喪身，亦算好處。

䷓

巽上 坤下

觀卦

●序卦傳曰：物大然後可觀，故受之以觀

○觀。盥而不薦，有孚顒若。

○彖曰：大觀在上，順而巽，中正以觀天下。觀，盥而不薦，有孚顒若，下觀而化也。觀天之神道，而四時不忒；聖人以神道設教，而天下服矣。

○象曰：風行地上，觀；先王以省方，觀民設教。

●初六，童觀，小人无咎，君子吝。

○象曰：初六童觀，小人道也。

●六二，闚觀，利女貞。

○象曰：闚觀女貞，亦可醜也。

●六三，觀我生，進退。

○象曰：觀我生進退，未失道也。

●六四，觀國之光，利用賓于王。

○象曰：觀國之光，尚賓也。

●九五，觀我生，君子，无咎。

○象曰：觀我生，觀民也。

●上九，觀其生，君子，无咎。

○象曰：觀其生，志未平也。

●孔明：初爻，上下和，憂愁決，千嶂雲，一輪月。二爻，玉出崑岡石，舟離古渡灘，行藏終有望，用舍不為難。三爻，目下意難舒，有客來徐徐，事成雖歷險，終必化為夷。四爻，可以寄，可以託，事遲遲，無舛錯。五爻，恐懼憂煎，盡在目前，若逢明鑑，指破空傳。上爻，月掩雲間，昏迷道路，雲散月明，漸宜進步。

離上　震下

噬嗑卦

●序卦傳曰：可觀而後有所合，故受之以噬嗑。嗑者，合也。

○噬嗑。亨，利用獄。

○彖曰：頤中有物，曰噬嗑。噬嗑而亨，剛柔分，動而明，雷電合而章。柔得中而上行，雖不當位，利用獄也。

○象曰：雷電，噬嗑；先王以明罰勑法。

●初九，屨校滅趾，无咎。

○象曰：屨校滅趾，不行也。

●六二，噬膚滅鼻，无咎。

○象曰：噬膚滅鼻，乘剛也。

●六三，噬腊肉，遇毒，小吝，无咎。

○象曰：遇毒，位不當也。

●九四，噬乾胏，得金矢，利艱貞，吉。

○象曰：利艱貞，吉，未光也。

●六五，噬乾肉，得黃金，貞厲，无咎。

○象曰：貞厲，无咎，得當也。

●上九，何校滅耳，凶。

○象曰：何校滅耳，聰不明也。

●孔明：初爻，民樂業，官吏清，太平之世復見于今，告諸人千秋鴻業，仗此望明君。二爻，安如泰山，穩如磐石，放膽前行，中通外直。三爻，月中有丹桂，人終攀不著，雲梯足下生，此際好落腳。四爻，天間一孤雁，嘹唳歎離群，試問知君者，而今有幾人。五爻，紅葉無顏色，凋零一夜風，鄰雞醒午夢，心事總成空。上爻，事如麻，理多錯，日掩雲中，空成耽擱。

●繫辭曰：子曰：「小人不恥不仁，不畏不義，不見利不勸，不威不懲，小懲而大誡，此小人之福也。易曰：『屨校滅趾，无咎』，此之謂也。」

●繫辭曰：善不積，不足以成名；惡不積，不足以滅身。小人以小善為无益，而弗為也，以小惡為无傷，而弗去也，故惡積而不可掩，罪大而不可解。易曰：『何校滅耳，凶』。」

䷕

艮上 離下

賁卦

●序卦傳曰：物不可以苟合而已，故受之以賁。賁者，飾也。

●賁。亨，小利有攸往。

○彖曰：賁，亨，柔來而文剛，故亨；分剛上而文柔，故小利有攸往。（剛柔交錯），天文也；文明以止，人文也。觀乎天文，以察時變；觀乎人文，以化成天下。

○象曰：山下有火，賁。君子以明庶政，无敢折獄。

●初九，賁其趾，舍車而徒。

○象曰：舍車而徒，義弗乘也。

●六二，賁其須。

○象曰：賁其須，與上興也。

●九三，賁如，濡如，永貞吉。

○象曰：永貞之吉，終莫之陵也。

●六四，賁如，皤如。白馬翰如，匪寇，婚媾。

○象曰：六四，當位疑也，匪寇婚媾，終无尤也。

●六五，賁於丘園，束帛戔戔，吝，終吉。

○象曰：六五之吉，有喜也。

● 上九，白賁，无咎。

○ 象曰：白賁无咎，上得志也。

● 孔明：初爻，妻前夫後一同行，好比先機兆已明，君若有情須切記，十年恩義莫忘心。二爻，鼠伏穴，本自寧，一露首，貓即跟，揚威伸爪，鼠喪殘生。三爻，書中有女顏如玉，書中自有黃金屋，讀盡五車書，志願自能足，何必焦勞心忙碌。四爻，豹變成文采，乘龍福自臻，赤身成富貴，事事得更新。五爻，孤陽微兮，群陰溢兮，力既殫兮，將不可耄兮，真謹慎兮，宜可保兮。上爻，曉雨初晴映碧溪，重重春色上柴扉，黃金不盡家般富，何必區區羨錦衣？

艮上 坤下

剝卦

●序卦傳曰：致飾然後亨，則盡矣，故受之以剝。剝者，剝也。

●剝。不利有攸往。

○彖曰：剝，剝也，柔變剛也。不利有攸往，小人長也。順而止之，觀象也。君子尚消息盈虛，天行也。

○象曰：山附於地，剝；上以厚下安宅。

●初六，剝床以足，蔑，貞凶。

○象曰：剝床以足，以滅下也。

●六二，剝床以辨，蔑，貞凶。

○象曰：剝床以辨，未有與也。

●六三，剝之，无咎。

○象曰：剝之无咎，失上下也。

●六四，剝床以膚，凶。

○象曰：剝床以膚，切近災也。

●六五，貫魚以宮人寵，无不利。

○象曰：以宮人寵，終无尤也。

●上九，碩果不食，君子得輿，小人剝廬。

○象曰：君子得輿，民所載也；小人剝廬，終不可用也。

●孔明：初爻，奇怪奇怪，前番來了，今番又來，謹慎提防，勿被弄壞。二爻，耕牛伏軛，闢土開疆，坐看收穫，黍稷稻粱。三爻，腰下佩青萍，步入金鑾殿，覆護三山，千錘百鍊。四爻，雛鳥飛高，出谷遷喬，神龍牙爪，變化滄田。五爻，吉吉吉，尋常一樣窗前月，凶凶凶，有了梅花便不同，人情不比舊時濃。上爻，大火炎炎，須水相濟，寶鼎丹成，掀天揭地。

䷗

坤上 震下

復卦

●序卦傳曰：物不可以終盡，剝窮上反下，故受之以復。

●復。亨，出入无疾，朋來无咎。反復其道，七日來復，利有攸往。

○彖曰：復，亨，剛反，動而以順行，是以出入无疾，朋來无咎。反復其道，七日來復，天行也。利有攸往，剛長也。復，其見天地之心乎？

○象曰：雷在地中，復；先王以至日閉關，商旅不行，后不省方。

●初九，不遠復，无祇悔，元吉。

○象曰：不遠之復，以修身也。

●六二，休復，吉。

○象曰：休復之吉，以下仁也。

●六三，頻復，厲，无咎。

○象曰：頻復之厲，義无咎也。

●六四，中行，獨復。

○象曰：中行獨復，以從道也。

●六五，敦復，无悔。

○象曰：敦復，无悔，中以自考也。

●上六，迷復，凶，有災眚。用行師，終有大敗，以其國君凶，至於十年不克征。

○象曰：迷復之凶，反君道也。

●孔明：初爻，捕兕於淵，求魚於山，自早至暮，功負力捐，改弦易轍，庶可圖全。二爻，手持一木魚，沿街去募化，不見徐公來，卻遇烏啣卦。三爻，水火既濟，陰陽相契，育物新民，參天贊地。四爻，騎玉兔，到廣寒，遇嫦娥，將桂攀，滿身馥郁，兩袖清香。五爻，一個行道，隨爾去行，逢人說法，到處顯靈。上爻，爐中火，沙裡金，功力到，丹鼎成。

●繫辭曰：子曰：「顏氏之子，其殆庶幾乎？有不善未嘗不知，知之未嘗復行也。易曰：『不遠復，无祇悔，元吉。』」

乾上　震下

无妄卦

●序卦傳曰：復則不妄矣，故受之以无妄。

●无妄。元亨，利貞；其匪正，有眚，不利有攸往。

○彖曰：无妄，剛自外來而為主於內，動而健，剛中而應，大亨以正，天之命也。其匪正有眚，不利有攸往，无妄之往，何之矣？天命不祐，行矣哉？

○象曰：天下雷行，物與无妄；先王以茂對時，育萬物。

●初九，无妄，往吉。

○象曰：无妄之往，得志也。

●六二，不耕穫，不菑畬，則利有攸往。

○象曰：不耕穫，未富也。

●六三，无妄之災，或繫之牛，行人之得，邑人之災。

○象曰：行人得牛，邑人災也。

●九四，可貞，无咎。

○象曰：可貞无咎，固有之也。

●九五，无妄之疾，勿藥，有喜。

○象曰：无妄之藥，不可試也。

●上九，无妄，行之眚，无攸利。

○象曰：无妄之行，窮之災也。

●孔明：初爻，不遠不近，似易似難，等閑一事，雲中笑看。二爻，桃李謝春風，西飛又復東，家中無意緒，船在浪濤中。三爻，一水遠一水，一山旋一山，水窮山盡處，名利不為難。四爻，事相扶，在半途，翻覆終可免，風波一點無。五爻，喜喜喜，春風生桃李，不用強憂煎，明月人千里。上爻，意孜孜，心戚戚，要平安，防出入。

艮上　乾下

大畜卦

●序卦傳曰：有无妄，然後可畜，故受之以大畜。

●大畜。利貞。不家食，吉，利涉大川。

○彖曰：大畜，剛健篤實輝光，日新其德。剛上而尚賢，能止健，大正也。不家食吉，養賢也。利涉大川，應乎天也。

○象曰：天在山中，大畜；君子以多識前言往行，以畜其德。

●初九，有厲，利已。

○象曰：有厲利已，不犯災也。

●九二：輿說輹。

○象曰：輿說輹，中无尤也。

●九三，良馬逐，利艱貞。日閑輿衛，利有攸往。

○象曰：利有攸往，上合志也。

●六四，童牛之牿，元吉。

○象曰：六四元吉，有喜也。

●六五，豶豕之牙，吉。

○象曰：六五之吉，有慶也。

●上九，何天之衢，亨。

○象曰：何天之衢，道大行也。

●孔明：初爻，此間有小人，切莫稍留停，忙打點，好起行，日月如逝勿久存。二爻，龍生頭角，將沛甘霖，六七八旱，好濟蒼生。三爻，太白現西南，龍蛇相競逐，龍自飛上天，蛇卻被刑戮。四爻，曾把樹栽，也要待春來，東風嫋嫋，開遍花街。五爻，四十餘年苦已深，而今汝樂度光陰，莫籌論，恩愛尚多歡喜事，惜甚青春，不減青春。上爻，三冬足，文藝精，到頭處，亦成冰，急急回首，勿誤前程。

䷚

艮上　震下

頤卦

●序卦傳曰：物畜然後可養，故受之以頤。頤者，養也。

●頤。貞吉，觀頤，自求口實。

○彖曰：頤，貞吉，養正則吉也。觀頤，觀其所養也；自求口實，觀其自養也。天地養萬物，聖人養賢以及萬民。頤之時大矣哉！

○象曰：山下有雷，頤；君子以慎言語，節飲食。

●初九，舍爾靈龜，觀我朵頤，凶。

○象曰：觀我朵頤，亦不足貴也。

●六二，顛頤，拂經；于丘頤，征凶。

○象曰：六二征凶，行失類也。

●六三，拂頤，貞凶，十年勿用，无攸利。

○象曰：十年勿用，道大悖也。

●六四，顛頤，吉。虎視眈眈，其欲逐逐，无咎。

○象曰：顛頤之吉，上施光也。

●六五，拂經，居貞吉，不可涉大川。

○象曰：居貞之吉，順以從上也。

●上九，由頤，厲吉，利涉大川。

○象曰：由頤厲吉，大有慶也。

● 孔明：初爻，鐵索一條，未把孤舟繫，金刀一下，早把頭落地。二爻，十二時中，緊急練著，一刻稍延，無處下腳。三爻，風起西南，紅日當天，奇門妙訣，一掌能傳。四爻，萬籟無聲際，一月正當空，忽被雲遮掩，皓魄變朦朧。五爻，一個知音，卻在天邊等，切勿因循，靜夜當思省。上爻，眾犬相聚，礪齒咬牙，搖頭擺尾，只顧看家。

兌上 巽下 大過卦

●序卦傳曰：不養則不可動，故受之以大過。

●大過，棟橈，利有攸往，亨。

○彖曰：大過，大者過也；棟橈，本末弱也。剛過而中，巽而說行，利有攸往，乃亨。大過之時大矣哉！

○象曰：澤滅木，大過；君子以獨立不懼，遯世无悶。

●初六，藉用白茅，无咎。

○象曰：藉用白茅，柔在下也。

●九二，枯楊生稊，老夫得其女妻，无不利。

○象曰：老夫女妻，過以相與也。

●九三，棟橈，凶。

○象曰：棟橈之凶，不可以有輔也。

●九四，棟隆，吉；有它，吝。

○象曰：棟隆之吉，不橈乎下也。

●九五，枯楊生華，老婦得其士夫，无咎无譽。

○象曰：枯楊生華，何可久也？老婦士夫，亦可醜也。

●上六，過涉滅頂，凶，无咎。

○象曰：過涉之凶，不可咎也。

●孔明：初爻，事了物未了，人圓物未圓，要知端的信，日影上琅玕。二爻，木向陽春發，三陰又伏根，樵夫不知道，砍去作柴薪。三爻，一月缺，一鏡缺，不團圓，無可說。四爻，車臨馬到，旗開月明，招安討叛，永大前程。五爻，我何宿，我何宿，海東河北成名錄，一段神光，直沖天瀆。上爻，金鱗入手，得還防走，若論周旋，謹言緘口。

●繫辭曰：「初六，藉用白茅，无咎。」子曰：「苟錯諸地而可矣。藉之用茅，何咎之有？慎之至也。夫茅之為物薄，而用可重也。慎斯術也以往，其无所失矣。」

坎上 坎下

坎卦

●序卦傳曰：物不可以終過，故受之以坎。坎者，陷也。

●習坎。有孚，維心亨，行有尚。

○彖曰：習坎，重險也，水流而不盈，行險而不失其信。維心亨，乃以剛中也。行有尚，往有功也。天險，不可升也；地險，山川丘陵也，王公設險以守其國，險之時用大矣哉！

○象曰：水洊至，習坎；君子以常德行，習教事。

●初六，習坎，入于坎窞，凶。

○象曰：習坎入坎，失道凶也。

●九二，坎有險，求小得。

○象曰：求小得，未出中也。

●六三，來之坎坎，險且枕，入于坎窞，勿用。

○象曰：來之坎坎，終无功也。

●六四，樽酒，簋貳，用缶，納約自牖，終无咎。

○象曰：樽酒簋貳，剛柔際也。

●九五，坎不盈，祇既平，无咎。

○象曰：坎不盈，中未大也。

●上六，係用徽纆，寘于叢棘，三歲不得，凶。

○象曰：上六失道，凶三歲也。

●說曰：雨以潤之。坎者、水也，正北方之卦也，勞卦也，萬物之所歸也，故曰：勞乎坎。潤萬物者莫潤乎水。坎，陷也。坎為豕。坎為耳。坎再索而男，故謂之中男。坎為水、為溝瀆、為隱伏、為矯輮、為弓輪。其於人也，為加憂、為心病、為耳痛、為血卦、為赤。其於馬也，為美脊、為亟心、為下首、為薄蹄、為曳。其於輿也，為多眚。為通、為月、為盜。其於木也，為堅多心。

●孔明：初爻，一念到天堂，一念入地獄，地獄天堂分榮辱，自立念頭要真，不可隨人碌碌。二爻，羊逸群，日對民，逢牛口，便咬人，一君一臣，君臣有些驚，須仗真神拯救蒼生。三爻，若是有緣人，一指便回首，執迷不悟者，屢引也不走。四爻，月兒東升，清光可挹，萬里無雲，海天一碧。五爻，男兒若得封侯印，不負人間走一遭，功成身退煙霞嘯傲，脫卻紫羅袍，方是男兒道。上爻，心月狐狸，迷惑世人，世人不察，延久傾身。

䷝

離上
離下

離卦

●序卦傳曰：陷必有所麗，故受之以離。離者，麗也。

●離。利貞，亨。畜牝牛，吉。

○彖曰：離，麗也。日月麗乎天，百穀草木麗乎土，重明以麗乎正，乃化成天下。柔麗乎中正，故亨，是以畜牝牛吉也。

○象曰：明兩作，離；大人以繼明照于四方。

●初九，履錯然，敬之，无咎。

○象曰：履錯之敬，以辟咎也。

●六二，黃離，元吉。

○象曰：黃離元吉，得中道也。

●九三，日昃之離，不鼓缶而歌，則大耋之嗟，凶。

○象曰：日昃之離，何可久也。

●九四，突如其來如，焚如，死如，棄如。

○象曰：突如其來如，无所容也。

●九五，出涕沱若，戚嗟若，吉。

○象曰：六五之吉，離王公也。

●上九，王用出征，有嘉，折首，獲匪其醜，无咎。

○象曰：王用出征，以正邦也。

說曰：日以烜之。相見乎離，致役乎坤。離也者、明也，萬物皆相見，南方之卦也。聖人南面而聽天下，嚮明而治，蓋取諸此也。燥萬物者莫熯乎火。離，麗也。離為雉。離為目。離再索而得女，故謂之中女。離為火、為日、為電、為中女、為甲冑、為戈兵。其於人也，為大腹，為乾卦。為鱉、為蟹、為蠃、為蚌、為龜。其於木也，為科上槁。

孔明：初爻，報道上林，春色鮮明，提鞭快者，馬上行程。二爻，鼠入土穴，最可安身，日中不見，靜夜巡行。三爻，打起平生志，西南好去游，腰纏十萬貫，騎鶴上揚州。四爻，喜喜喜，終防否，獲得驪龍頷下珠，忽然失卻在水裡。五爻，國有賢士，廷無佞臣，干戈不用，常享太平。上爻，泰來否已極，諸事莫憂心，但須培養厚德，做些好事，行些方便，一點丹靈獨得真。

周易下經

䷞ 兌上艮下 咸卦

●序卦傳曰：有天地，然後有萬物，有萬物，然後有男女，有男女，然後有夫婦，有夫婦，然後有父子，有父子，然後有君臣，有君臣，然後有上下，有上下，然後禮義有所錯。

●咸。亨，利貞，取女吉。

○彖曰：咸，感也，柔上而剛下，二氣感應以相與，止而說，男下女，是以亨利貞，取女吉也。天地感而萬物化生，聖人感人心而天下和平。觀其所感，而天地萬物之情可見矣。

○象曰：山上有澤，咸；君子以虛受人。

●初六，咸其拇。

○象曰：咸其拇，志在外也。

●六二，咸其腓，凶；居吉。

○象曰：雖凶居吉，順不害也。

●九三，咸其股，執其隨，往吝。

○象曰：咸其股，亦不處也，志在隨人，所執下也。

●九四，貞吉，悔亡；憧憧往來，朋從爾思。

○象曰：貞吉悔亡，未感害也；憧憧往來，未光大也。

●九五，咸其脢，无悔。

○象曰：咸其脢，志末也。

●上六，咸其輔頰舌。

○象曰：咸其輔頰舌，滕口說也。

●孔明：初爻，劍戟列山林，盜賊必來侵，敗走擒搜定，封侯蔭子孫。二爻，岸闊水深舟易落，路遙山險步難行，蛇行自有通津日，月上天空分外明。三爻，擬欲遷而未可遷，提防喜處惹勾連，前途若得陰人引，變化魚龍出大淵。四爻，一人去，一人來，清風明月兩相猜，獲得金鱗下釣臺。五爻，喜未穩，悲已遭，大雨狂風吹古木，人人盡道不堅牢。上爻，可以寄百里之命，可以託六尺之孤，鍾期既遇毋遲誤，他鄉聚首笑呼呼。

●繫辭曰：易曰：「憧憧往來，朋從爾思。」子曰：「天下何思何慮？天下同歸而殊塗，一致而百慮，天下何思何慮？」「日往則月來，月往則日來，日月相推而明生焉。寒往則暑來，暑往則寒來，寒暑相推而歲成焉。往者屈也，來者信也，屈信相感而利生焉。」「尺蠖之屈，以求信也。龍蛇之蟄，以存身也。精義入神，以致用也。利用安身，以崇德也。過此以往，未之或知也。窮神知化，德之盛也。」

震上　巽下

恆卦

●序卦傳曰：夫婦之道，不可以不久也，故受之以恆。恆者，久也。

●恆。亨，无咎。利貞。利有攸往。

○彖曰：恆，久也，剛上而柔下，雷風相與，巽而動，剛柔皆應，恆。恆，亨，无咎，利貞，久於其道也。天地之道，恆久而不已也，利有攸往，終則有始也。日月得天而能久照，四時變化而能久成，聖人久於其道，而天下化成。觀其所恆，而天地萬物之情可見矣。

○象曰：雷風，恆；君子以立不易方。

●初六，浚恆，貞凶，无攸利。

○象曰：浚恆之凶，始求深也。

●九二，悔亡。

○象曰：九二悔亡，能久中也。

●九三，不恆其德，或承之羞，貞吝。

○象曰：不恆其德，无所容也。

●九四，田无禽。

○象曰：久非其位，安得禽也。

●六五，恆其德，貞。婦人吉，夫子凶。

○象曰：婦人貞吉，從一而終也；夫子制義，從婦凶也。

●上六，振恆，凶。

○象曰：振恆在上，大无功也。

●孔明：初爻，休眷戀，誤前程，終鬧亂，出門庭。二爻，萬里波濤靜，一天風月閒，利名無阻隔，行路出重關。三爻，渴望梅，飢畫餅，漫勞心，如捉影，遇虎龍，方可省。四爻，事迷心不迷，事寬心不寬，一場歡喜會，不久出重關。五爻，夜半渡無船，驚濤恐拍天，月斜雲淡處，音信有人傳。上爻，事若羈留，人不出頭，往來閉塞，要見無有。

乾上 艮下 遯卦

●序卦傳曰：物不可以久居其所，故受之以遯。遯者，退也。

●遯。亨，小利貞。

○彖曰：遯亨，遯而亨也。剛，當位而應，與時行也。小利貞，浸而長也。遯之時義大矣哉！

○象曰：天下有山，遯；君子以遠小人，不惡而嚴。

●初六，遯尾，厲，勿用有攸往。

○象曰：遯尾之厲，不往，何災也。

●六二，執之用黃牛之革，莫之勝說。

○象曰：執用黃牛，固志也。

●九三，係遯，有疾厲；畜臣妾，吉。

○象曰：係遯之厲，有疾憊也；畜臣妾吉，不可大事也。

●九四，好遯，君子吉，小人否。

○象曰：君子好遯，小人否也。

●九五，嘉遯，貞吉。

○象曰：嘉遯貞吉，以正志也。

●上九，肥遯，无不利。

○象曰：肥遯无不利，无所疑也。

●孔明：初爻，萬馬歸元，千猿朝洞，虎伏龍降，道高德重。二爻，黃鸝報上林，春色鮮明，提鞭快著，馬上速行程。三爻，大肆放靈丹，救人行萬千，到頭登彼岸，渡過入仙班。四爻，一帶水，碧澄澄，潮平江闊，月出天明；舟在其中，玄妙無聲，信人誤己，幾致喪身。五爻，桃李舒妍，春光鮮麗，良辰美景君須記，隨心所往事事相宜，無用多疑干瀆神祇。上爻，隱中顯，顯中微，風中有玄機，參得透了，直上仙梯。

䷡

震上 乾下

大壯卦

●序卦傳曰：物不可以終遯，故受之以大壯。

●大壯。利貞。

○彖曰：大壯，大者壯也，剛以動，故壯；大壯利貞，大者正也。正大而天地之情可見矣。

○象曰：雷在天上，大壯；君子以非禮弗履。

●初九，壯于趾，征凶，有孚。

○象曰：壯于趾，其孚窮也。

●九二，貞吉。

○象曰：九二貞吉，以中也。

●九三，小人用壯，君子用罔，貞厲。羝羊觸藩，羸其角。

○象曰：小人用壯，君子罔也。

●九四，貞吉，悔亡，藩決不羸，壯于大輿之輹。

○象曰：藩決不羸，尚往也。

●六五，喪羊于易，无悔。

○象曰：喪羊于易，位不當也。

●上六，羝羊觸藩，不能退，不能遂，无攸利，艱則吉。

○象曰：不能退，不能遂，不詳也；艱則吉，咎不長也。

●孔明：初爻，花落正逢春，行人在半程，事成還不就，索絆兩三句。二爻，菱荷香裡受深恩，桂魄圓時印綬新，從此威名山岳重，光輝直上位絲綸。三爻，欲行還止，徘徊不已，動搖莫強，得止且止。四爻，心下事安然，周旋尚未全，逢龍還有吉，人月永團圓。五爻，夢裡說關山，波深下釣難，利名終有望，目下未開顏。上爻，三箭開雲路，營求指日成，許多閑口語，翻作笑歌聲。

䷢ 離上 坤下 晉卦

●序卦傳曰：物不可以終壯，故受之以晉。晉者，進也。

●晉。康侯用錫馬蕃庶，晝日三接。

○彖曰：晉，進也。明出地上，順而麗乎大明，柔進而上行，是以康侯用錫馬蕃庶，晝日三接也。

○象曰：明出地上，晉；君子以自昭明德。

●初六，晉如摧如，貞吉。罔孚，裕，无咎。

○象曰：晉如摧如，獨行正也；裕无咎，未受命也。

●六二，晉如愁如，貞如。受茲介福，于其王母。

○象曰：受茲介福，以中正也。

●六三，眾允，悔亡。

○象曰：眾允之，志上行也。

●九四，晉如鼫鼠，貞厲。

○象曰：鼫鼠貞厲，位不當也。

●六五，悔亡，失得勿恤。往，吉，无不利。

○象曰：失得勿恤，往有慶也。

●上九，晉其角。維用伐邑，厲，吉，无咎，貞吝。

○象曰：維用伐邑，道未光也。

●孔明：初爻，勿循舊轍，及早迴車，東西南北，穩步康衢。二爻，夜夢被鼠驚，醒來不見人，終宵廢寢，直到天明。三爻，秋霜肅，夏日炎，新花鮮了舊花淹，世情看冷暖，逢者不須言。四爻，未展英雄志，馳驅不憚勞，敢將休咎卜，西北奪前標。五爻，痾染沈沈，終日昏昏，雷門一震，體健身輕。上爻，易非易，難非難，忽地起波瀾，歡笑兩三番。

䷣

坤上 離下

明夷卦

●序卦傳曰：進必有所傷，故受之以明夷。夷者，傷也。

●明夷。利艱貞。

○彖曰：明入地中，明夷。內文明而外柔順，以蒙大難，文王以之。利艱貞，晦其明也。內難而能正其志，箕子以之。

○象曰：明入地中，明夷；君子以蒞眾，用晦而明。

●初九，明夷于飛，垂其翼；君子于行，三日不食；有攸往，主人有言。

○象曰：君子于行，義不食也。

●六二，明夷，夷于左股，用拯馬壯，吉。

○象曰：六二之吉，順以則也。

●九三，明夷于南狩，得其大首，不可疾貞。

○象曰：南狩之志，乃大得也。

●六四，入于左腹，獲明夷之心，于出門庭。

○象曰：入于左腹，獲心意也。

●六五，箕子之明夷，利貞。

○象曰：箕子之貞，明不可息也。

●上六，不明晦，初登于天，後入于地。

○象曰：初登于天，照四國也；後入于地，失則也。

●孔明：初爻，此去萬里程，卻遇見知音，同心共濟，建立勳名。二爻，尋芳春日，適見花開，朵朵堪摘，枝枝可栽。三爻，龍一吟，雲便興，沖霄直上，快睹太平，為文為武，君君臣臣。四爻，虎出金榜，有勇亦何濟，怎似山翁，非富猶有趣。五爻，險徑過羊腸，安步入康莊，五陵裘馬客，嘗思返故鄉。上爻，火遭水剋，火滅其光，水勢滔滔，源遠流長。

䷤

巽上 離下

家人卦

●序卦傳曰：傷於外者必反其家，故受之以家人。

●家人。利女貞。

○彖曰：家人，女正位乎內，男正位乎外，男女正，天地之大義也。家人有嚴君焉，父母之謂也。父父，子子，兄兄，弟弟，夫夫，婦婦，而家道正，正家而天下定矣。

○象曰：風自火出，家人；君子以言有物而行有恆。

●初九，閑有家，悔亡。

○象曰：閑有家，志未變也。

●六二，无攸遂，在中饋，貞吉。

○象曰：六二之吉，順以巽也。

●九三，家人嗃嗃，悔厲，吉；婦子嘻嘻，終吝。

○象曰：家人嗃嗃，未失也；婦子嘻嘻，失家節也。

●六四，富家，大吉。

○象曰：富家大吉，順在位也。

●九五，王假有家，勿恤，吉。

○象曰：王假有家，交相愛也。

●上九，有孚，威如，終吉。

○象曰：威如之吉，反身之謂也。

●孔明：初爻，雙燕啣書舞，指日一齊來，寂寞淹留客，從茲下釣臺。二爻，望去幾重山，高深漸可攀，舉頭天上看，明月在人間。三爻，用之則行，舍之則藏，一騎出重關，佳音咫尺間。四爻，積德施功有子孫，穀牛祭神及四鄰，功名兩字成全日，回首山河萬物新。五爻，安坦路平夷，雲中一雁飛，桃花逢驟雨，水畔女頻啼。上爻，門內起干戈，親仇兩不和，朱衣臨日月，始覺笑呵呵。

離上　兌下　睽卦

●序卦傳曰：家道窮必乖，故受之以睽。睽者，乖也。

●睽。小事吉。

○彖曰：睽，火動而上，澤動而下，二女同居，其志不同行。說而麗乎明，柔進而上行，得中而應乎剛，是以小事吉。天地睽而其事同也。男女睽而其志通也，萬物睽而其事類也。睽之時用大矣哉！

○象曰：上火下澤，睽；君子以同而異。

●初九，悔亡，喪馬，勿逐，自復；見惡人，无咎。

○象曰：見惡人，以辟咎也。

●九二，遇主於巷，无咎。

○象曰：遇主于巷，未失道也。

●六三，見輿曳，其牛掣，其人天且劓，无初有終。

○象曰：見輿曳，位不當也；无初有終，遇剛也。

●九四，睽孤，遇元夫，交孚，厲，无咎。

○象曰：交孚无咎，志行也。

●六五，悔亡，厥宗噬膚；往，何咎？

○象曰：厥宗噬膚，往有慶也。

●上九，睽孤。見豕負塗，載鬼一車，先張之弧，後說之弧。匪寇婚媾，往，遇雨則吉。

○象曰：遇雨之吉，群疑亡也。

●孔明：初爻，虛名虛位久沈沈，祿馬當求未見真，一片彩雲秋後至，去年風物一時新。二爻，止止止，有終有始，似月如花，守成而已。三爻，明月全圓，顏色欣然，風雲相送，和合萬年。四爻，人非孔顏鮮能無過，過而能改仍復無過，開花不足憑，結果方為準，放開懷抱意欣欣。五爻，居下不親上，人心以散離，事機終失一，百事盡成灰。上爻，兀兀塵埃久待時，幽窗寂靜有誰知，若逢青紫人相引，財利功名自可期。

䷦

坎上 艮下

蹇卦

●序卦傳曰：乖必有難，故受之以蹇。蹇者，難也。

●蹇。利西南，不利東北，利見大人，貞吉。

○彖曰：蹇，難也，險在前也。見險而能止，知矣哉！蹇，利西南，往得中也；不利東北，其道窮也；利見大人，往有功也；當位貞吉，以正邦也。蹇之時用大矣哉！

○象曰：山上有水，蹇；君子以反身修德。

●初六，往蹇，來譽。

○象曰：往蹇來譽，宜待也。

●六二，王臣蹇蹇，匪躬之故。

○象曰：王臣蹇蹇，終无尤也。

●九三，往蹇，來反。

○象曰：往蹇來反，內喜之也。

●六四，往蹇，來連。

○象曰：往蹇來連，當位實也。

●九五，大蹇，朋來。

○象曰：大蹇朋來，以中節也。

●上六，往蹇，來碩，吉。利見大人。

○象曰：往蹇來碩，志在內也；利見大人，以從貴也。

●孔明：初爻，卯日兒出林，午時正福臨，卯生於寅，方見天心。二爻，日中不決，日到方明，一場好事，紛擾難成。三爻，孤宿是妖星，猿猴及樹精，入山遇此曜，迷了性和心。四爻，滴漏聲催雞唱，趲行人逐隊放，晚渡關津，前程無量。五爻，人在天涯外，久乏信音來，家人望穿眼，草木暢胸懷。上爻，這顆樹下，一穴生成，若遷此土，福祿駢臻。

䷧

震上　坎下

解卦

●序卦傳曰：物不可以終難，故受之以解。解者，緩也。

●解。利西南，无所往，其來復，吉。有攸往，夙吉。

○彖曰：解，險以動，動而免乎險，解。解，利西南，往得眾也；其來復吉，乃得中也；有攸往夙吉，往有功也。天地解而雷雨作，雷雨作而百果草木皆甲坼，解之時大矣哉！

○象曰：雷雨作，解；君子以赦過宥罪。

●初六，无咎。

○象曰：剛柔之際，義无咎也。

●九二，田獲三狐，得黃矢，貞吉。

○象曰：九二貞吉，得中道也。

●六三，負且乘，致寇至，貞吝。

○象曰：負且乘，亦可醜也；自我致戎，又誰咎也？

●九四，解而拇，朋至斯孚。

○象曰：解而拇，未當位也。

●六五，君子維有解，吉，有孚於小人。

○象曰：君子有解，小人退也。

●上六，公用射隼于高墉之上，獲之，无不利。

○象曰：公用射隼，以解悖也。

●孔明：初爻，魚上釣，絲綸弱，收拾難，力再著。二爻，相引更相牽，殷勤喜自然，施為無不利，愁事轉團圓。三爻，喜喜喜，疑疑疑，一番笑罷一番悲，落花滿地無人掃，獨對西風悵黛眉。四爻，上下不和同，勞而未有功，出門通大道，從此保初終。五爻，大事可成功，有益還無咎，雲中執鞭人，報在三秋後。上爻，桑榆催暮景，缺月恐難圓，若遇錐刀客，方知喜自然。

●繫辭曰：子曰：「作易者其知盜乎？易曰：『負且乘，致寇至。』負也者，小人之事也。乘也者，君子之器也。小人而乘君子之器，盜思奪之矣！上慢下暴，盜思伐之矣！慢藏誨盜，冶容誨淫，易曰：『負且乘，致寇至。』，盜之招也。」

●繫辭曰：易曰：「公用射隼，于高墉之上，獲之；无不利。」子曰：「隼者禽也，弓矢；者器也，射之者；人也。君子藏器於身，待時而動，何不利之有？動而不括，是以出而有獲，語成器而動者也。」

䷨ 艮上 兌下 損卦

●序卦傳曰：緩必有所失，故受之以損。

●損。有孚，元吉，无咎，可貞。利有攸往，曷之用？二簋可用享。

○彖曰：損，損下益上，其道上行。損而有孚，元吉，无咎，可貞，利有攸往，曷之用，二簋可用享，二簋應有時，損剛益柔有時，損益盈虛，與時偕行。

○象曰：山下有澤，損；君子以懲忿窒欲。

●初九，已事遄往，无咎，酌損之。

○象曰：已事遄往，尚合志也。

●九二，利貞，征凶。弗損，益之。

○象曰：九二利貞，中以為志也。

●六三，三人行，則損一人；一人行，則得其友。

○象曰：一人行，三則疑也。

●六四，損其疾，使遄有喜，无咎。

○象曰：損其疾，亦可喜也。

●六五，或益之十朋之龜，弗克違，元吉。

○象曰：六五元吉，自上祐也。

●上九，弗損，益之，无咎，貞吉。利有攸往，得臣无家。

○象曰：弗損，益之，大得志也。

●孔明：初爻，世道多荊棘，人情每用嗟，利名如有路，勤苦逐生涯。二爻，山窮路轉迷，水急舟難渡，萬事莫強為，出處遭研妒。三爻，時運多艱，戰戰兢兢，戒謹恐懼，如履薄冰，須識前程危與險，一籠風裡一枝燈。四爻，一朵花枝艷更芳，清香馥郁透蘭房，時風吹送終成笑，好句筵前進幾觴。五爻，自從持守定，功在眾人先，別有非常喜，隨龍到九天。上爻，遠涉波濤一葉舟，而今始得過灘頭，年來心事才成就，屈指從前多可憂。

●繫辭曰：天地絪縕，萬物化醇，男女構精，萬物化生，易曰：『三人行，則損一人；一人行，則得其友。』言致一也。

巽上　震下

益卦

●序卦傳曰：損而不已必益，故受之以益。

●益。利有攸往，利涉大川。

○彖曰：益，損上益下，民說无疆；自上下下，其道大光；利有攸往，中正有慶；利涉大川，木道乃行；益動而巽，日進无疆；天施地生，其益无方；凡益之道，與時偕行。

○象曰：風雷，益；君子以見善則遷，有過則改。

●初九，利用為大作，元吉，无咎。

○象曰：元吉无咎，下不厚事也。

●六二，或益之十朋之龜，弗克違，永貞吉。王用享于帝，吉。

○象曰：或益之，自外來也。

●六三，益之用凶事，无咎，有孚中行，告公用圭。

○象曰：益用凶事，固有之也。

●六四，中行，告公從，利用為依遷國。

○象曰：告公從，以益志也。

●九五，有孚惠心，勿問元吉，有孚惠我德。

○象曰：有孚惠心，勿問之矣，惠我德，大得志也。

●上九，莫益之，或擊之，立心勿恆，凶。

○象曰：莫益之，偏辭也；或擊之，自外來也。

●孔明：初爻，道路狂招呼，風波一點無，時乖心緒亂，全仗貴人扶。二爻，臨淵放鈎，清絕塵埃，巨鰲隨得，不用疑猜。三爻，無中應有直，心事還成戚，雲散月重圓，千里風帆急。四爻，造化生來信自然，師征千里福綿綿，功名得就神明助，蛇兔相逢定變遷。五爻，大仗神威，群魔消滅，滅了又須威，神威亦極力，牢牢記取，免致久後失跌。上爻，道必堅心，堅心必道成，建功勳，早回程，造茅庵，修真身，一日飛昇，仙班列名。

●繫辭曰：子曰：「君子安其身而後動，易其心而後語，定其交而後求，君子修此三者，故全也，危以動，則民不與也，懼以語，則民不應也，无交而求，則民不與也，莫之與，則傷之者至矣。易曰：『莫益之，或擊之，立心勿恆，凶。』」

䷪

兌上 乾下

夬卦

●序卦傳曰：益而不已必決，故受之以夬。夬者，決也。

●夬。揚于王庭，孚號有厲，告自邑，不利即戎，利有攸往。

○彖曰：夬，決也，剛決柔也；健而說，決而和。揚于王庭，柔乘五剛也；孚號有厲，其危乃光也；告自邑，不利即戎，所尚乃窮也；利有攸往，剛長乃終也。

○象曰：澤上於天，夬；君子以施祿及下，居德則忌。

●初九，壯于前趾，往，不勝，為咎。

○象曰：不勝而往，咎也。

●九二，惕號，莫夜有戎，勿恤。

○象曰：有戎勿恤，得中道也。

●九三，壯于頄，有凶。君子夬夬，獨行遇雨，若濡有慍，无咎。

○象曰：君子夬夬，終无咎也。

●九四，臀无膚，其行次且，牽羊悔亡，聞言不信。

○象曰：其行次且，位不當也，聞言不信，聰不明也。

●九五，莧陸夬夬，中行无咎。

○象曰：中行无咎，中未光也。

●上六，无號，終有凶。

○象曰：无號之凶，終不可長也。

●孔明：初爻，江海悠悠，煙波下鉤，六鰲連獲，歌聲中流。二爻，欲濟未濟，欲求強求，心無一定，一車兩頭。三爻，一得一慮，退後欲先，路通大道，心自安然。四爻，難難難，忽然平地起波瀾，易易易，談笑尋常終遂意。五爻，心有餘，力不足，倚仗春風，一歌一曲。上爻，身不安，心不安，動靜兩三番，終朝事必歎。

乾上 巽下

姤卦

●序卦傳曰：決必有所遇，故受之以姤。姤者，遇也。

●姤。女壯，勿用取女。

○彖曰：姤，遇也，柔遇剛也。勿用取女，不可與長也。天地相遇，品物咸章也；剛遇中正，天下大行也。姤之時義大矣哉。

○象曰：天下有風，姤；后以施命誥四方。

●初六，繫于金柅，貞吉。有攸往，見凶。羸豕孚蹢躅。

○象曰：繫于金柅，柔道牽也。

●九二，包有魚，无咎，不利賓。

○象曰：包有魚，義不及賓也。

●九三，臀无膚，其行次且，厲，无大咎。

○象曰：其行次且，行未牽也。

●九四，包无魚，起凶。

○象曰：无魚之凶，遠民也。

●九五，以杞包瓜，含章，有隕自天。

○象曰：九五含章，中正也；有隕自天，志不舍命也。

●上九，姤其角，吝，无咎。

○象曰：姤其角，上窮吝也。

●孔明：初爻，見不見，也防人背面，遇不遇，到底無憑據。二爻，一番桃李一番春，誰識當初氣象新，林下水邊尋活計，見山了了稱心意。三爻，莫怪我見錯，心性自成痾，偏僻不通心，真人卻不魔。四爻，祿馬交馳，男兒得志時，行程早辦，榮歸樂期頤。五爻，了卻心頭事，三生夙有緣，香開十里桂，移步入天邊。上爻，白了頭，成何濟，不如趁此精神，猶好買些真氣。

䷬

兌上　坤下

萃卦

●序卦傳曰：物相遇而後聚，故受之以萃。萃者，聚也。

●萃。亨。王假有廟，利見大人，亨，利貞。用大牲，吉。利有攸往。

○彖曰：萃，聚也。順以說，剛中而應，故聚也。王假有廟，致孝享也；利見大人亨，聚以正也。用大牲吉，利有攸往，順天命也。觀其所聚，而天地萬物之情可見矣。

○象曰：澤上於地，萃；君子以除戎器，戒不虞。

●初六，有孚不終，乃亂乃萃。若號，一握為笑，勿恤。往，无咎。

○象曰：乃亂乃萃，其志亂也。

●六二，引吉，无咎。孚乃利用禴。

○象曰：引吉无咎，中未變也。

●六三，萃如嗟如，无攸利。往，无咎，小吝。

○象曰：往无咎。上巽也。

●九四，大吉，无咎。

○象曰：大吉无咎，位不當也。

●九五，萃有位，无咎匪孚，元永貞，悔亡。

○象曰：萃有位，志未光也。

●上六，齎咨涕洟，无咎。

○象曰：齎咨涕洟，未安上也。

●孔明：初爻，乘馬前進，所求吉貞，隨時諧美，缺月重明。二爻，舟離古渡月離雲，人出潼關好問津，且向前行去求住，何須疑慮兩三心。三爻，不足不足，難伸心曲，野塘雨過月如鉤，夢斷邯鄲眉黛愁。四爻，美有堪，堪有美，始有終，終有始。五爻，湖海悠悠，孤舟浪頭，來人未渡，殘照山樓。上爻，深戶要牢扃，提防暗裡人，莫言無外事，縱好定遭迍。

䷭

坤上 巽下

升卦

●序卦傳曰：聚而上者謂之升，故受之以升。

●升。元亨，用見大人，勿恤。南征，吉。

○彖曰：柔以時升，巽而順，剛中而應，是以大亨。用見大人勿恤，有慶也。南征吉，志行也。

○象曰：地中生木，升；君子以順德，積小以高大。

●初六，允升，大吉。

○象曰：允升大吉，上合志也。

●九二，孚乃利用禴，无咎。

○象曰：九二之孚，有喜也。

●九三，升虛邑。

○象曰：升虛邑，无所疑也。

●六四，王用亨于岐山，吉，无咎。

○象曰：王用亨于岐山，順事也。

●六五，貞，吉，升階。

○象曰：貞吉升階，大得志也。

●上六，冥升，利于不息之貞。

○象曰：冥升在上，消不富也。

●孔明：初爻，君子道消，小人道長，陰氣鬱鬱，陽氣不揚，如何如何，良賈深藏。二爻，去到長安，東北轉角，逢著天門，便有下落。三爻，徐步入天台，為聽好消息，採藥有仙童，洞府列春色。四爻，思量一夜，不如打幹，一番若還錯，煩惱及肺肝。五爻，心細膽粗，可勝上將之任，勇往前行，成敗何必在心，胸中把持得定，敵人自能受困。上爻，天念苦修人，終不落紅塵，清心能見道，擾擾喪真靈。

䷮

兌上 坎下

困卦

●序卦傳曰：升而不已必困，故受之以困。

●困。亨，貞，大人吉，无咎。有言不信。

○彖曰：困，剛揜也。險以說，困而不失其所亨，其唯君子乎？貞大人吉，以剛中也；有言不信，尚口乃窮也。

○象曰：澤无水，困；君子以致命遂志。

●初六。臀困于株木，入于幽谷，三歲不覿。

○象曰：入于幽谷，幽不明也。

●九二，困于酒食，朱紱方來。利用享祀，征凶，无咎。

○象曰：困于酒食，中有慶也。

●六三，困于石，據于蒺藜，入于其宮，不見其妻，凶。

○象曰：據于蒺藜，乘剛也；入于其宮，不見其妻，不祥也。

●九四，來徐徐，困于金車，吝，有終。

○象曰：來徐徐，志在下也；雖不當位，有與也。

●九五，劓刖，困于赤紱，乃徐有說，利用祭祀。

○象曰：劓刖，志未得也；乃徐有說，以中直也；利用祭祀，受福也。

●上六，困于葛藟，于臲卼；曰動悔，有悔，征吉。

○象曰：困于葛藟，未當也；動悔有悔，吉行也。

●孔明：初爻，傾一盃，展愁眉，天地合，好思為。二爻，野鬼張弧射主人，暗中一箭鬼魂驚，忽然紅日沈江海，難破空中事不明。三爻，福星照，吉宿臨，青天有日見天真，龍飛下載到明庭。四爻，獨釣寒潭，中途興闌，水寒魚不餌，空載月明還。五爻，不歸一，勞心力，貴人旁，宜借力。上爻，雲盡月當中，光輝到處通，路途逢水順，千里快如風。

●繫辭曰：易曰：「困于石，據于蒺藜，入于其宮，不見其妻，凶。」子曰：「非所困而困焉，名必辱。非所據而據焉，身必危。既辱且危，死期將至，妻其可得見邪？」

坎上　巽下

井卦

●序卦傳曰：困乎上者必反下，故受之以井。

●井。改邑不改井，无喪无得，往來井井。汔至，亦未繘井，羸其瓶，凶。

○彖曰：巽乎水而上水，井；井養而不窮也。改邑不改井，乃以剛中也；汔至亦未繘井，未有功也；羸其瓶，是以凶也。

○象曰：木上有水，井；君子以勞民勸相。

●初六，井泥不食；舊井无禽。

○象曰：井泥不食，下也；舊井无禽，時舍也。

●九二，井谷射鮒，甕敝漏。

○象曰：井谷射鮒，无與也。

●九三，井渫不食，為我心惻，可用汲。王明，並受其福。

○象曰：井渫不食，行惻也；求王明，受福也。

●六四，井甃，无咎。

○象曰：井甃无咎，修井也。

●九五，井洌，寒泉食。

○象曰：寒泉之食，中正也。

●上六，井收，勿幕；有孚，元吉。

○象曰：元吉在上，大成也。

●孔明：初爻，驀地狂風起，大樹盡掀揚，枝葉未凋零，培植終無恙。二爻，虛日旺相，法如用兵，四圍旋繞，對敵沖營。三爻，榮枯早定莫嗟傷，辛苦他邦安享家鄉，為他人作嫁衣裳，今日君嘗，他年改調別人嘗。四爻，女兒大，喜臨門，嫁良人，添子孫，同拜受，感皇恩。五爻，木生火，口不噤，瘋癲作症，寒熱相侵。上爻，休休休，過了三年又六週，不猛省，禍到頭。

䷰

兌上　離下

革卦

●序卦傳曰：井道不可不革，故受之以革。

●革。已日乃孚；元亨，利貞，悔亡。

○彖曰：革，水火相息，二女同居，其志不相得，曰革。已日乃孚。革而信之，文明以說，大亨以正；革而當，其悔乃亡。天地革而四時成，湯武革命，順乎天而應乎人。革之時大矣哉。

○象曰：澤中有火，革；君子以治歷明時。

●初九，鞏用黃牛之革。

○象曰：鞏用黃牛，不可以有為也。

●六二，已日乃革之，征吉，无咎。

○象曰：已日革之，行有嘉也。

●九三，征凶，貞厲；革言三就，有孚。

○象曰：革言三就，又何之矣。

●九四，悔亡，有孚；改命，吉。

○象曰：改命之吉，信志也。

●九五，大人虎變，未占，有孚。

○象曰：大人虎變，其文炳也。

●上六，君子豹變，小人革面，征凶；居貞，吉。

○象曰：君子豹變，其文蔚也；小人革面，順以從君也。

●孔明：初爻，細雨濛濛濕，江邊路不通，道途音信遠，憑仗借東風。二爻，平地起雲煙，時下未能安，物負平生志，高處覓姻緣。三爻，正直宜守，妄動生災，利通名達，葉落花開。四爻，君子升，小人阻，征戰生離苦，前有吉人逢，信在馬牛人在楚，事要營求妥。五爻，紛紛復紛紛，欷歔獨掩門，斂眉望燈火，伴我坐黃昏。上爻，紅顏美女，休冀奇遇，人在車中，舟行水裡。

離上　巽下

鼎卦

●序卦傳曰：革物者莫若鼎，故受之以鼎。

●鼎。元吉，亨。

○彖曰：鼎，象也，以木巽火，亨飪也。聖人亨以享上帝，而大亨以養聖賢。巽而耳目聰明，柔進而上行，得中而應乎剛，是以元亨。

○象曰：木上有火，鼎；君子以正位凝命。

●初六，鼎顛趾，利出否，得妾以其子，无咎。

○象曰：鼎顛趾，未悖也；利出否，以從貴也。

●九二，鼎有實，我仇有疾，不我能即，吉。

○象曰：鼎有實，慎所之也；我仇有疾，終无尤也。

●九三，鼎耳革，其行塞，雉膏不食，方雨虧悔，終吉。

○象曰：鼎耳革，失其義也。

●九四，鼎折足，覆公餗，其形渥，凶。

○象曰：覆公餗，信如何也？

●六五，鼎黃耳，金鉉，利貞。

○象曰：鼎黃耳，中以為實也。

●上九，鼎玉鉉，大吉，无不利。

○象曰：玉鉉在上，剛柔節也。

● 孔明：初爻，心已定，事何憂，金鱗已上鉤，功名一網收。二爻，意迷己不迷，事寬心不寬，要知端的信，猶隔兩重山。三爻，笑中生不足，內外見愁哭，雲散月光輝，轉禍當成福。四爻，簷前鵲噪正翩翩，憂慮全消喜自然，一人進了一人退，下梢還有好姻緣。五爻，荊棘生平地，風波起四方，倚欄惆悵望，無語對斜陽。上爻，謀已定，事何憂，照月上重樓，雲中客點頭。

● 繫辭曰：子曰：「德薄而位尊，知小而謀大，力小而任重，鮮不及矣，易曰：『鼎折足，覆公餗，其形渥，凶。』言不勝其任也。」

震上 震下

震卦

●序卦傳曰：主器者莫若長子，故受之以震。震者，動也。

●震。亨。震來虩虩，笑言啞啞；震驚百里，不喪匕鬯。

○彖曰：震亨。震來虩虩，恐致福也；笑言啞啞，後有則也；震驚百里，驚遠而懼邇也；出可以守宗廟社稷，以為祭主也。

○象曰：洊雷，震；君子以恐懼修省。

●初九，震來虩虩，後笑言啞啞，吉。

○象曰：震來虩虩，恐致福也；笑言啞啞，後有則也。

●六二，震來厲，億喪貝，躋于九陵，勿逐，七日得。

○象曰：震來厲，乘剛也。

●說曰，震蘇蘇，震行无眚。

○象曰：震蘇蘇，位不當也。

●九四，震遂泥。

○象曰：震遂泥，未光也。

●六五，震往來，厲。億无喪有事。

○象曰：震往來厲，危行也；其事在中，大无喪也。

●上六，震索索，視矍矍，征凶。震不于其躬，于其鄰，无咎，婚媾有言。

○象曰：震索索，中未得也；雖凶无咎。畏鄰戒也。

●說曰：雷以動之。帝出乎震。動萬物者莫疾乎雷。震，動也。震為龍。震為足。震一索而得男，故謂之長男。震為雷、為龍、為玄黃、為旉、為大涂、為長子、為決躁、為蒼筤竹、為萑葦。其於馬也，為善鳴、為馵足，為的顙。其於稼也，為反生。其究為健，為蕃鮮。

●孔明：初爻，遇險不須憂，風波何足忌，若遇草頭人，咫尺青雲路。二爻，船棹中流急，花開春又離，事寧心不靜，惹起許多疑。三爻，可蓄可儲，片玉寸珠，停停穩穩，前遇良圃。四爻，小子早趨庭，青雲久問程，貴人來助力，花謝子還成。五爻，一心兩事，一事兩心，新花枯樹，直待交春。上爻，殘花不再鮮，破鏡難重圓，心疲力已竭，大事恐難圖。

䷳

艮上　艮下

艮卦

●序卦傳曰：物不可以終動，止之，故受之以艮。艮者，止也。

●艮其背，不獲其身；行其庭，不見其人；无咎。

○彖曰：艮，止也。時止則止，時行則行，動靜不失其時，其道光明。艮其止，止其所也；上下敵應，不相與也；是以不獲其身，行其庭不見其人，无咎也。

○象曰：兼山，艮；君子以思不出其位。

●初六，艮其趾，无咎；利永貞。

○象曰：艮其趾，未失正也。

●六二，艮其腓，不拯其隨，其心不快。

○象曰：不拯其隨，未退聽也。

●九三，艮其限，列其夤，厲熏心。

○象曰：艮其限，危熏心也。

●六四，艮其身，无咎。

○象曰：艮其身，止諸躬也。

●六五，艮其輔，言有序，悔亡。

○象曰：艮其輔，以中正也。

●上九，敦艮，吉。

○象曰：敦艮之吉，以厚終也。

●說曰：艮以止之。成言乎艮。艮、東北之卦也。萬物之所成終而所成始也。故曰：成言乎艮。終萬物始萬物者，莫盛乎艮。艮，止也。艮為狗。艮為手。艮三索而得男，故謂之少男。艮為山、為徑路、為小石、為門闕、為果蓏、為閽寺、為指、為狗、為鼠、為黔喙之屬。 其於木也為堅多節。

●孔明：初爻，勿謂說話太沈，泥了就不成真，悟出千般奧妙，方識仙道最神。二爻，功名雖多實際，何如修煉成真，真身不朽，萬載長春。三爻，走走走，遇一狗，急思尋，可長久。四爻，不知真消息，消息驀地來，月圓月缺夜，不許把門開。五爻，火旺處要不疲，水深處要不呆，到頭當酌量，毋得惹他災。上爻，賓雁遶湖陸地成，行建功勳早回程，貪戀終非世人福，莫教雞鶩會相爭。

䷴

巽上　艮下

漸卦

●序卦傳曰：物不可以終止，故受之以漸。漸者，進也。

●漸。女歸，吉，利貞。

○彖曰：漸之進也，女歸吉也。進得位，往有功也；進以正，可以正邦也。其位，剛得中也。止而巽，動不窮也。

○象曰：山上有木，漸；君子以居賢德善俗。

●初六，鴻漸于干，小子之厲，有言，无咎。

○象曰：小子之厲，義无咎也。

●六二，鴻漸于磐，飲食衎衎，吉。

○象曰：飲食衎衎，不素飽也。

●九三，鴻漸于陸，夫征不復，婦孕不育，凶。利禦寇。

○象曰：夫征不復，離群醜也；婦孕不育，失其道也；
利用禦寇，順相保也。

●六四，鴻漸于木，或得其桷，无咎。

○象曰：或得其桷，順以巽也。

●九五，鴻漸于陵，婦三歲不孕，終莫之勝，吉。

○象曰：終莫之勝，吉，得所願也。

●上九，鴻漸于陸，其羽可用為儀，吉。

○象曰：其羽可用為儀吉，不可亂也。

●孔明：初爻，進步且徘徊，春風柳絮吹，水濱行客倦，枕畔多猜疑。二爻，玉石猶終昧，那堪小悔多，終無咎，笑呵呵。三爻，垂翼遙天去，實緣避難行，一途經濟意，又是滿園春。四爻，佳信至，開笑顏，飛騰一去，撥雲上天。五爻，青氈空守舊，枝上巢生風，莫為一時喜，還疑此象凶。上爻，莫言荊棘惡，終為鸞鳳棲，目前應有待，何用早躊躇。

䷵

歸妹卦

震上　兌下

●序卦傳曰：進必有所歸，故受之以歸妹。

●歸妹。征凶，无攸利。

○彖曰：歸妹，天地之大義也，天地不交而萬物不興。歸妹，人之終始也；說以動，所歸妹也；征凶，位不當也；无攸利，柔乘剛也。

○象曰：澤上有雷，歸妹；君子以永終知敝。

●初九，歸妹以娣，跛能履，征吉。

○象曰：歸妹以娣，以恆也；跛能履吉，相承也。

●九二，眇能視，利幽人之貞。

○象曰：利幽人之貞，未變常也。

●六三，歸妹以須，反歸以娣。

○象曰：歸妹以須，未當也。

●九四，歸妹愆期，遲歸有時。

○象曰：愆期之志，有待而行也。

●六五，帝乙歸妹，其君之袂，不如其娣之袂良，月幾望，吉。

○象曰：帝乙歸妹，不如其娣之袂良也，其位在中，以貴行也。

●上六，女承筐无實，士刲羊无血，无攸利。

○象曰：上六无實，承虛筐也。

●孔明：初爻，乘病馬，上危坡，防失足，見蹉跎。二爻，兩事已和同，輕舟遇便風，道迷人得意，歌唱急流中。三爻，上接不穩，下接不和，相纏相擾，平地風波。四爻，白玉蒙塵，黃金埋土，久久光輝，也須人舉。五爻，背後笑嘻嘻，中行道最宜，所求終有望，不必皺雙眉。上爻，憔悴無人問，林間聽杜鵑，一聲山月笛，千里淚涓涓。

䷶

震上　離下

豐卦

●序卦傳曰：得其所歸者必大，故受之以豐。豐者，大也。

●豐。亨。王假之，勿憂；宜日中。

○彖曰：豐，大也。明以動，故豐；王假之，尚大也；勿憂宜日中，宜照天下也。日中則昃，月盈則食，天地盈虛，與時消息，而況於人乎？況於鬼神乎？

○象曰：雷電皆至，豐；君子以折獄致刑。

●初九，遇其配主，雖旬无咎，往有尚。

○象曰：雖旬无咎，過旬災也。

●六二，豐其蔀，日中見斗；往得疑疾，有孚發若，吉。

○象曰：有孚發若，信以發志也。

●九三，豐其沛，日中見沬，折其右肱，无咎。

○象曰：豐其沛，不可大事也；折其右肱，終不可用也。

●九四，豐其蔀，日中見斗，遇其夷主，吉。

○象曰：豐其蔀，位不當也；日中見斗，幽不明也；遇其夷主，吉行也。

●六五，來章，有慶譽，吉。

○象曰：六五之吉，有慶也。

●上六，豐其屋，蔀其家，闚其戶，闃其无人，三歲不覿，凶。

○象曰：豐其屋，天際翔也；闚其戶，闃其无人，自藏也。

●孔明：初爻，遍書前後事，艱險往來難，若得清風便，扁舟遇遠山。二爻，莫歎殘花，花開枯樹，屋頭春意，喜笑嘻嘻。三爻，一事總成空，一事還成喜，若遇口邊人，心下堪憑委。四爻，欲得月中兔，須憑桃李拂，高山來接引，雙喜照雙眉。五爻，事遂勿憂煎，春風喜自然，金鈎垂三尺，得意獲鱗鮮。上爻，圓又缺，缺又圓，時時刻刻要周旋，運到時來始見緣。

䷷

離上 艮下

旅卦

●序卦傳曰：窮大者必失其居，故受之以旅。

●旅。小亨，旅貞吉。

○彖曰：旅，小亨；柔得中乎外，而順乎剛，止而麗乎明，是以小亨，旅貞吉也。旅之時義大矣哉。

○象曰：山上有火，旅；君子以明慎用刑，而不留獄。

●初六，旅瑣瑣，斯其所取災。

○象曰：旅瑣瑣，志窮災也。

●六二，旅即次，懷其資，得童僕貞。

○象曰：得童僕貞，終无尤也。

●九三，旅焚其次，喪其童僕，貞厲。

○象曰：旅焚其次，亦以傷矣，以旅與下，其義喪也。

●九四，旅于處，得其資斧，我心不快。

○象曰：旅于處，未得位也；得其資斧，心未快也。

●六五，射雉，一矢亡，終以譽命。

○象曰：終以譽命，上逮也。

●上九，鳥焚其巢，旅人先笑後號咷，喪牛于易，凶。

○象曰：以旅在上，其義焚也；喪牛于易，終莫之聞也。

●孔明：初爻，路不通，門閉塞，謹慎提防，雲藏月黑。二爻，蝸角蠅頭利，而今已變通，草頭人笑汝，宜始不宜終。三爻，珠玉走盤中，田園定阜豐，休言謀未遂，此去便亨通。四爻，月已明，花再發，事悠悠，無不合。五爻，朦朧秋月映朱門，林外鳥聲遠寺僧，自有貴人來接引，何須巧語似流鶯。上爻，事未寬，心不安，疑慮久，始安然。

巽上　巽下

巽卦

●序卦傳曰：旅而无所容，故受之以巽，巽者，入也。

●巽。小亨，利有攸往，利見大人。

○彖曰：重巽，以申命；剛巽乎中正而志行，柔皆順乎剛，是以小亨，利有攸往，利見大人。

○象曰：隨風，巽；君子以申命行事。

●初六，進退，利武人之貞。

○象曰：進退，志疑也；利武人之貞，志治也。

●九二，巽在床下，用史武紛若，吉，无咎。

○象曰：紛若之吉，得中也。

●九三，頻巽，吝。

○象曰：頻巽之吝，志窮也。

●六四，悔亡，田獲三品。

○象曰：田獲三品，有功也。

●九五，貞吉，悔亡，无不利，无初有終；先庚三日，後庚三日，吉。

○象曰：九五之吉，位正中也。

●上九，巽在床下，喪其資斧，貞凶。

○象曰：巽在床下，上窮也；喪其資斧，正乎凶也。

●說曰：風以散之。齊乎巽。巽，東南也，齊也者、言萬物之絜齊也。橈萬物者莫疾乎風。巽，入也。巽為雞。巽為股。巽一索而得女，故謂之長女。巽為木、為風、為長女、為繩直、為工、為白、為長、為高、為進退、為不果、為臭。其於人也，為寡髮、為廣顙、為多白眼、為近利市三倍。其究為躁卦。

●孔明：初爻，萬里片帆轉，波平浪不驚，行行無阻滯，遠處更通津。二爻，身歷驚濤，東風便好，太平身退，目下還早。三爻，鶴自雲中出，人從月下歸，新歡盈臉上，不用皺雙眉。四爻，深潭魚可釣，幽谷鳥可羅，只用久長心，不用生疑惑。五爻，進不安，退不可，上下相從，明珠一顆。上爻，著著占先機，其中路不迷，目前無合意，乍免是和非。

䷹

兌上 兌下

兌卦

●序卦傳曰：入而後說之，故受之以兌。兌者，說也。

●兌。亨，利貞。

○彖曰：兌，說也。剛中而柔外，說以利貞，是以順乎天而應乎人。說以先民，民忘其勞；說以犯難，民忘其死。說之大，民勸矣哉。

○象曰：麗澤，兌；君子以朋友講習。

●初九，和兌，吉。

○象曰：和兌之吉，行未疑也。

●九二，孚兌，吉，悔亡。

○象曰：孚兌之吉，信志也。

●六三，來兌，凶。

○象曰：來兌之凶，位不當也。

●九四，商兌未寧，介疾有喜。

○象曰：九四之喜，有慶也。

●九五，孚于剝，有厲。

○象曰：孚于剝，位正當也。

●上六，引兌。

○象曰：上六引兌，未光也。

●說曰：兌以說之。說言乎兌。兌，正秋也，萬物之所說也，故曰說言乎兌。說萬物者，莫說乎澤。兌，說也。兌為羊。兌為口。兌三索而得女，故謂之少女。兌為澤、為少女、為巫、為口舌、為毀折、為附決。其於地也，為剛鹵。為妾、為羊。

●孔明：初爻，沈沈痾染，不見天心，雷門一震，體健身輕。二爻，財馬兩匆忙，官祿有定方，豬羊牛犬，自去主張。三爻，空空空，空裡得成功，蟠桃千載熟，不怕五更風。四爻，愁臉放，笑顏開，秋月掛高臺，人從千里來。五爻，須著力，莫遠遊，長竿釣向蟾蜍窟，直欲雲中得巨鰲。上爻，無蹤無跡，遠近難覓，旱海行舟，空勞費力。

䷺

巽上　坎下

渙卦

●序卦傳曰：說而後散之，故受之以渙。渙者，離也。

●渙。亨，王假有廟，利涉大川，利貞。

○彖曰：渙，亨，剛來而不窮，柔得位乎外而上同。王假有廟，王乃在中也；利涉大川，乘木有功也。

○象曰：風行水上，渙；先王以享于帝立廟。

●初六，用拯馬壯，吉。

○象曰：初六之吉，順也。

●九二，渙奔其机，悔亡。

○象曰：渙奔其机，得願也。

●六三，渙其躬，无悔。

○象曰：渙其躬，志在外也。

●六四，渙其群，元吉。渙有丘，匪夷所思。

○象曰：渙其群元吉，光大也。

●九五，渙汗其大號，渙王居，无咎。

○象曰：王居无咎，正位也。

●上九，渙其血，去；逖出，无咎。

○象曰：渙其血，遠害也。

●孔明：初爻，有一人，獲一鹿，事團圓，門外索。二爻，汝往無攸利，花開又及秋，嚴霜物薦至，退步不存留。三爻，新月為鉤，清風作線，舉網煙波，錦鱗易見。四爻，先關鎖，續提防，小節不知戒，因循成鉅殃。五爻，燕語鶯啼，花開滿院，倚欄春睡覺，無語歛愁顏。上爻，勞心勞心，勞心有成，清風借力，歡笑前程。

䷻

坎上 兌下

節卦

●序卦傳曰：物不可以終離，故受之以節。

●節。亨；苦節，不可貞。

○彖曰：節亨，剛柔分，而剛得中；苦節不可貞，其道窮也。說以行險，當位以節，中正以通，天地節而四時成。節以制度，不傷財，不害民。

○象曰：澤上有水，節；君子以制數度，議德行。

●初九，不出戶庭，无咎。

○象曰：不出戶庭，知通塞也。

●九二，不出門庭，凶。

○象曰：不出門庭，凶，失時極也。

●六三，不節若，則嗟若，无咎。

○象曰：不節之嗟，又誰咎也。

●六四，安節，亨。

○象曰：安節之亨，承上道也。

●九五，甘節，吉，往有尚。

○象曰：甘節之吉，居位中也。

●上六，苦節，貞凶，悔亡。

○象曰：苦節貞凶，其道窮也。

●孔明：初爻，往來行僻處，猝然著一驚，豺狼若當道，斬滅方稱心。二爻，八門分八位，九星布九方，青赤黃白黑，五色卷錦裝，交鋒相對壘，兩兩自相當。三爻，終生不習上，在世卻枉然，輪迴不能免，永落深坑塹。四爻，兩個子女，同到齊行，陰陽和合，謀作歡欣。五爻，中有玄機賦，雞鳴方顯露，猛然悟禪關，打破君門路。上爻，數尾金魚吞餌，取竿釣罷回頭，家食翻嫌太貴，五湖四海遨遊。

●繫辭曰：「不出戶庭，无咎。」子曰：「亂之所生也，則言語以為階。君不密，則失臣；臣不密，則失身；幾事不密，則害成。是以君子慎密而不出也。」

䷼ 巽上 兌下 中孚卦

●序卦傳曰：節而信之，故受之以中孚。

●中孚。豚魚吉，利涉大川，利貞。

○彖曰：中孚，柔在內而剛得中；說而巽，孚乃化邦也。豚魚吉，信及豚魚也；利涉大川，乘木舟虛也；中孚以利貞，乃應乎天也。

○象曰：澤上有風，中孚；君子以議獄緩死。

●初九，虞，吉；有他，不燕。

○象曰：初九虞吉，志未變也。

●九二，鳴鶴在陰，其子和之，我有好爵，吾與爾靡之。

○象曰：其子和之，中心願也。

●六三，得敵，或鼓或罷，或泣或歌。

○象曰：或鼓或罷，位不當也。

●六四，月幾望，馬匹亡，无咎。

○象曰：馬匹亡，絕類上也。

●九五，有孚攣如，无咎。

○象曰：有孚攣如，位正當也。

●上九，翰音登于天，貞凶。

○象曰：翰音登于天，何可長也。

●孔明：初爻，暗去有明來，憂心事可諧，終須成一笑，目下莫疑猜。二爻，寶鏡無塵染，金貂已剪裁，也逢天意合，終不惹塵埃。三爻，和合事，笑談成，喜音在半程，平步踏青雲。四爻，花殘月缺，鏡破釵分，休來休往，事始安寧。五爻，門外好音來，生涯應有慶，名利有更遷，雁行終折陣。上爻，萬里好江山，風沙盡日間，已吞鉤上餌，何必遇波瀾。

●繫辭曰：「鳴鶴在陰，其子和之，我有好爵，吾與爾靡之。」子曰：「君子居其室，出其言善，則千里之外應之，況其邇者乎？居其室，出其言不善，則千里之外違之，況其邇者乎，言出乎身，加乎民，行發乎邇，見乎遠。言行君子之樞機，樞機之發，榮辱之主也。言行，君子之所以動天地也，可不慎乎。」

䷽

小過卦

震上　艮下

●序卦傳曰：有其信者必行之，故受之以小過。

●小過。亨，利貞，可小事，不可大事。飛鳥遺之音，不宜上，宜下，大吉。

○彖曰：小過，小者過而亨也；過以利貞，與時行也；柔得中，是以小事吉也；剛失位而不中，是以不可大事也；有飛鳥之象焉，飛鳥遺之音，不宜上宜下，大吉，上逆而下順也。

○象曰：山上有雷，小過；君子以行過乎恭，喪過乎哀，用過乎儉。

●初六，飛鳥以凶。

○象曰：飛鳥以凶，不可如何也。

●六二，過其祖，遇其妣，不及其君，遇其臣，无咎。

○象曰：不及其君，臣不可過也。

●九三，弗過防之，從或戕之，凶。

○象曰：從或戕之，凶如何也。

●九四，无咎，弗過遇之，往厲必戒，勿用永貞。

○象曰：弗遇過之，位不當也；往厲必戒，終不可長也。

●六五，密雲不雨，自我西郊，公弋取彼在穴。

○象曰：密雲不雨，已上也。

●上六，弗遇過之，飛鳥離之，凶，是謂災眚。

○象曰：弗遇過之，已亢也。

●孔明：初爻，貴客自相親，功名唾手成，獲金須積德，仰望太陽升。二爻，無故起波瀾，所求事日難，笑談終有忌，同心事覺歡。三爻，狂風吹起黑雲飛，日在天心遮不得，閒時無事暫相關，到底依然無剋剝。四爻，人倚樓，許多愁，澹然進步，事始無憂。五爻，一點著陽春，枯枝朵朵新，志專方遇合，切忌二三心。上爻，道路迢遙，門庭閉塞，霧擁迷途，雲開見日。

䷾

坎上 離下

既濟卦

●序卦傳曰：有過物者必濟，故受之以既濟。

●既濟。亨小，利貞；初吉，終亂。

○彖曰：既濟亨，小者亨也；利貞，剛柔正而位當也；初吉，柔得中也；終止則亂，其道窮也。

○象曰：水在火上，既濟；君子以思患而豫防之。

●初九，曳其輪，濡其尾，无咎。

○象曰：曳其輪，義无咎也。

●六二，婦喪其茀，勿逐，七日得。

○象曰：七日得，以中道也。

●九三，高宗伐鬼方，三年克之，小人勿用。

○象曰：三年克之，憊也。

●六四，繻有衣袽，終日戒。

○象曰：終日戒，有所疑也。

●九五，東鄰殺牛，不如西鄰之禴祭，實受其福。

○象曰：東鄰殺牛，不如西鄰之時也；實受其福，吉大來也。

●上六，濡其首，厲。

○象曰：濡其首厲，何可久也。

●孔明：初爻，有田一畝，儘可耕耘，無窮收獲，都在西城。二爻，勿嫌兒無唇，疾足追不及，納入猿穴中，走狗何處覓。三爻，六牛耕地，墾開無疆，收成結實，盈稟盈倉。四爻，大奮沖天志，勿苦戀家鄉，七八君行早，揚武在沙場。五爻，葵花向日，忠赤傾心，大開廣廈，樂享太平。上爻，人不識仙，寧有真訣，一入玄門，津津有益。

䷿

離上　坎下

未濟卦

●序卦傳曰：物不可窮也，故受之以未濟終焉。

●未濟。亨，小狐汔濟，濡其尾，无攸利。

○彖曰：未濟亨，柔得中也；小狐汔濟，未出中也；濡其尾，无攸利，不續終也；雖不當位，剛柔應也。

○象曰：火在水上，未濟；君子以慎辨物居方。

●初六，濡其尾，吝。

○象曰：濡其尾，亦不知極也。

●九二，曳其輪，貞吉。

○象曰：九二貞吉，中以行正也。

●六三，未濟，征凶，利涉大川。

○象曰：未濟征凶，位不當也。

●九四，貞吉，悔亡，震用伐鬼方，三年有賞于大國。

○象曰：貞吉悔亡，志行也。

●六五，貞吉，无悔，君子之光，有孚，吉。

○象曰：君子之光，其暉吉也。

●上九，有孚于飲酒，无咎；濡其首，有孚失是。

○象曰：飲酒濡首，亦不知節也。

●孔明：初爻，奇奇奇，地利與天時，燈花傳信後，動靜總相宜。二爻，遇不遇，逢不逢，月沈海底，人在夢中。三爻，暗中防霹靂，猜慮渾無實，轉眼黑雲收，擁出扶桑日。四爻，利在中邦出戰時，一番獲醜在王庭，鳳啣丹詔歸陽畔，得享佳名四海榮。五爻，堪歎外邊憂，更嗟門裡鬧，意緒更牽纏，心神亦顛倒。上爻，一重山一重水，風波道坦然，壺中有別天。

說卦傳

第一章

昔者聖人之作易也，幽贊於神明而生蓍。參天兩地而倚數，觀變於陰陽而立卦，發揮於剛柔而生爻，和順於道德而理於義，窮理盡性以至於命。

第二章

昔者聖人之作易也，將以順性命之理，是以立天之道曰陰與陽，立地之道曰柔與剛，立人之道曰仁與義。兼三才而兩之，故易六畫而成卦。分陰分陽，迭用柔剛，故易六位而成章。

第三章

天地定位，山澤通氣，雷風相薄，水火不相射，八卦相錯。數往者順，知來者逆，是故易，逆數也。

第四章

雷以動之，風以散之，雨以潤之，日以烜之，艮以止之，兌以說之，乾以君之，坤以藏之。

第五章

帝出乎震，齊乎巽，相見乎離，致役乎坤，說言乎兌，戰乎乾，勞乎坎，成言乎艮。萬物出乎震，震，東方也。齊乎巽，巽，東南也，齊也者，言萬物之絜齊也。離也者，明也，萬物皆相見，南方之卦也。聖人南面而聽天下，嚮明而治，蓋取諸此也。坤也者，地也，萬物皆致養焉，故曰：致役乎坤。兌，正秋也，萬物之所說也，故曰：說言乎兌。戰乎乾，乾，西北之卦也，言陰陽相薄也。坎者，水也，正北方之卦也，勞卦也，萬物之所歸也，故曰：勞乎坎。艮，東北之卦也。萬物之所成終而所成始也。故曰：成言乎艮。

第六章

神也者，妙萬物而為言者也。動萬物者莫疾乎雷，橈萬物者莫疾乎風，燥萬物者莫熯乎火，說萬物者莫說乎澤，潤萬物者莫潤乎水，終萬物，始萬物者莫盛乎艮。故水火相逮，雷風不相悖，山澤通氣，然後能變化，既成萬物也。

第七章

乾，健也；坤，順也；震，動也；巽，入也；坎，陷也；離，麗也；艮，止也；兌，說也。

第八章

乾為馬。坤為牛。震為龍。巽為雞。坎為豕。離為雉。艮為狗。兌為羊。

第九章

乾為首。坤為腹。震為足。巽為股。坎為耳。離為目。艮為手。兌為口。

第十章

乾，天也，故稱乎父。坤，地也，故稱乎母。震一索而得男，故謂之長男。巽一索而得女，故謂之長女。坎再索而得男，故謂之中男。離再索而得女，故謂之中女。艮三索而得男，故謂之少男。兌三索而得女，故謂之少女。

第十一章

乾為天，為圜，為君，為父，為玉，為金，為寒，為冰，為大赤，為良馬，為老馬，為瘠馬，為駁馬，為木果。

坤為地，為母，為布，為釜，為吝嗇，為均，為子母牛，為大輿，為文，為眾，為柄，其於地也為黑。

震為雷，為龍，為玄黃，為旉，為大塗，為長子，為決躁，為蒼筤竹，為萑葦。其於馬也，為善鳴，為馵足，為作足，為的顙。其於稼也，為反生。其究為健，為蕃鮮。

巽為木，為風，為長女，為繩直，為工，為白，為長，為高，為進退，為不果，為臭。其於人也，為寡髮，為廣顙，為多白眼，為近利市三倍，其究為躁卦。

坎為水，為溝瀆，為隱伏，為矯輮，為弓輪。其於人也，為加憂，為心病，為耳痛，為血卦，為赤。其於馬也，為美脊，為亟心，為下首，為薄蹄，為曳。其於輿也，為多眚，為通，為月，為盜。其於木也，為堅多心。

離為火，為日，為電，為中女，為甲冑，為戈兵。其於人也，為大腹。為乾卦，為鱉，為蟹，為蠃，為蚌，為龜。其於木也，為科上槁。

艮為山，為徑路，為小石，為門闕，為果蓏，為閽寺，為指，為狗，為鼠，為黔喙之屬。其於木也，為堅多節。

兌為澤，為少女，為巫，為口舌，為毀折，為附決。其於地也，為剛鹵。為妾，為羊。

雜卦傳

乾剛坤柔，比樂師憂，臨觀之義，或與或求。屯，見而不失其居。蒙雜而著。震，起也。艮，止也。損益，盛衰之始也。大畜，時也。无妄，災也。萃聚而升不來也，謙輕而豫怠也。噬嗑，食也。賁，无色也。兌見而巽伏也。隨，无故也。蠱則飭也。剝，爛也。復，反也。晉，晝也。明夷，誅也。井通而困相遇也。咸，速也。恒，久也。渙，離也。節，止也。解，緩也。蹇，難也。睽，外也。家人，內也。否，泰，反其類也。大壯則止，遯則退也。大有，眾也。同人，親也。革，去故也。鼎，取新也。小過，過也。中孚，信也。豐，多故也。

親寡，旅也。離上，而坎下也。小畜，寡也。履，不處也。需，不進也。訟，不親也。大過，顛也。姤，遇也，柔遇剛也。漸，女歸待男行也。頤，養正也。既濟，定也。歸妹，女之終也。未濟，男之窮也。夬，決也，剛決柔也。君子道長，小人道憂也。

繫辭傳（上）

第一章

天尊地卑，乾坤定矣。卑高以陳，貴賤位矣。動靜有常，剛柔斷矣。方以類聚，物以群分，吉凶生矣。在天成象，在地成形，變化見矣。

是故，剛柔相摩，八卦相盪。鼓之以雷霆，潤之以風雨，日月運行，一寒一暑，乾道成男，坤道成女。乾知大始，坤作成物。乾以易知，坤以簡能。

易則易知，簡則易從。易知則有親，易從則有功。有親則可久，有功則可大。可久則賢人之德，可大則賢人之業。易簡，而天下之理得矣；天下之理得，而成位乎其中矣。

第二章

聖人設卦觀象，繫辭焉而明吉凶，剛柔相推而生變化。是故，吉凶者，失得之象也。悔吝者，憂虞之象也。變化者，進退之象也。剛柔者，晝夜之象也。六爻之動，三極之道也。是故，君子所居而安者，易之序也。所樂而玩者，爻之辭也。是故，君子居則觀其象，而玩其辭；動則觀其變，而玩其占。是以自天祐之，吉无不利。

第三章

象者，言乎象者也。爻者，言乎變者也。吉凶者，言乎其失得也。悔吝者，言乎其小疵也。无咎者，善補過也。是故，列貴賤者存乎位。齊小大者，存乎卦。辯吉凶者，存乎辭。憂悔吝者，存乎介。震无咎者，存乎悔。是故，卦有小大，辭有險易。辭也者，各指其所之。

第四章

易與天地準，故能彌綸天地之道。

仰以觀於天文，俯以察於地理，是故知幽明之故。原始反終，故知死生之說。精氣為物，遊魂為變，是故知鬼神之情狀。

與天地相似，故不違。知周乎萬物，而道濟天下，故不過。旁行而不流，樂天知命，故不憂。安土敦乎仁，故能愛。範圍天地之化而不過，曲成萬物而不遺，通乎晝夜之道而知，故神无方而易无體。

第五章

一陰一陽之謂道，繼之者善也，成之者性也。仁者見之謂之仁，知者見之謂之知。百姓日用而不知，故君子之道鮮矣。顯諸仁，藏諸用，鼓萬物而不與聖人同憂，盛德大業至矣哉。富有之謂大業，日新之謂盛德。生生之謂易，成象之謂乾，效法之為坤，極數知來之謂占，通變之謂事，陰陽不測之謂神。

第六章

夫易，廣矣大矣，以言乎遠，則不禦；以言乎邇，則靜而正；以言乎天地之間，則備矣。夫乾，其靜也專，其動也直，是以大生焉。夫坤，其靜也翕，其動也闢，是以廣生焉。廣大配天地，變通配四時，陰陽之義配日月，易簡之善配至德。

第七章

子曰：「易其至矣乎！夫易，聖人所以崇德而廣業也。知崇禮卑，崇效天，卑法地。天地設位，而易行乎其中矣，成性存，道義之門。」

第八章

聖人有以見天下之賾，而擬諸其形容，象其物宜，是故謂之象。

聖人有以見天下之動，而觀其會通，以行其典禮。繫辭焉，以斷其吉凶，是故謂之爻。言天下之至賾，而不可惡也。言天下之至動，而不可亂也。擬之而後言，議之而後動，擬議以成其變化。

「鳴鶴在陰，其子和之，我有好爵，吾與爾靡之。」

子曰：「君子居其室，出其言善，則千里之外應之，況其者乎，居其室，出其言不善，則千里之外違之，況其邇者乎，言出乎身，加乎民，行發乎邇，見乎遠。言行君子之樞機，樞機之發，榮辱之主也。言行，君子之所以動天地也，可不慎乎。」

「同人，先號咷而後笑。」子曰：「君子之道，或出或處，或默或語，二人同心，其利斷金。同心之言，其臭如蘭。」

「初六，藉用白茅，无咎。」子曰：「苟錯諸地而可矣。藉之用茅，何咎之有？慎之至也。夫茅之為物薄，而用可重也。慎斯術也以往，其无所失矣。」

「勞謙，君子有終，吉。」子曰：「勞而不伐，有功而不德，厚之至也，語以其功下人者也。德言盛，禮言恭，謙也者，致恭以存其位者也。」

「亢龍有悔」，子曰：「貴而无位，高而无民，賢人在下位而无輔，是以動而有悔也。」

「不出戶庭，无咎。」子曰：「亂之所生也，則言語以為階。君不密，則失臣；臣不密，則失身；幾事不密，則害成。是以君子慎密而不出也。」

子曰：「作易者其知盜乎？易曰：負且乘，致寇至。負也者，小人之事也。乘也者，君子之器也。小人而乘君子之器，盜思奪之矣！上慢下暴，盜思伐之矣！慢藏誨盜，冶容誨淫，易曰：「負且乘，致寇至，盜之招也。」

第九章

天一，地二，天三，地四，天五，地六，天七，地八，天九，地十。天數五，地數五，五位相得而各有合。天數二十有五，地數三十，凡天地之數，五十有五，此所以成變化，而行鬼神也。

大衍之數五十，其用四十有九。分而為二以象兩，掛一以象三，揲之以四以象四時，歸奇於扐以象閏。五歲再閏，故再扐而後掛。

乾之策，二百一十有六；坤之策，百四十有四，凡三百有六十，當期之日。二篇之策，萬有一千五百二十，當萬物之數也。是故，四營而成易，十有八變而成卦。八卦而小成，引而伸之，觸類而長之，天下之能事畢矣。

顯道神德行，是故可與酬酢，可與祐神矣。子曰：「知變化之道者，其知神之所為乎。」

第十章

易有聖人之道四焉；以言者尚其辭，以動者尚其變，以制器者尚其象，以卜筮者尚其占。以君子將有為也，將有行也，問焉而以言，其受命也如嚮，无有遠近幽深，遂知來物。非天下之至精，其孰能與於此？

參伍以變，錯綜其數，通其變，遂成天下之文。極其數，遂定天下之象。非天下之至變，其孰能與於此？易无思也，无為也，寂然不動，感而遂通天下之故。非天下之至神，其孰能與於此？

夫易，聖人之所以極深而研幾也。唯深也，故能通天下之志。唯幾也，故能成天下之務。唯神也，故不疾而速，不行而至。子曰：「易有聖人之道四焉」者，此之謂也。

第十一章

子曰：「夫易，何為者也？夫易開物成務，冒天下之道，如斯而已者也。」是故，聖人以通天下之志，以定天下之業，以斷天下之疑。是故，蓍之德，圓而神；卦之德，方以知；六之義，易以貢。聖人以此洗心，退藏於密，吉凶與民同患。神以知來，知以藏往，其孰能與此哉！古之聰明睿知，神武而不殺者夫！

是以，明於天之道，而察於民之故，是興神物以前民用。聖人以此齋戒，以神明其德夫！是故，闔戶謂之坤；闢戶謂之乾；一闔一闢謂之變；往來不窮謂之通；見乃謂之象；形乃謂之器；制而用之，謂之法；利用出入，民咸用之，謂之神。

是故，易有太極，是生兩儀，兩儀生四象，四象生八卦，八卦定吉凶，吉凶生大業。是故，法象莫大乎天地，變通莫大乎四時，縣象著明莫大乎日月，崇高莫大乎富貴；備物致用，立成器以為天下利，莫大乎聖人；探賾索隱，鉤深致遠，以定天下之吉凶，成天下之亹亹者，莫大乎著龜。

是故，天生神物，聖人則之；天地變化，聖人效之；天垂象，見吉凶，聖人象之。河出圖，洛出書，聖人則之。易有四象，所以示也。繫辭焉，所以告也。定之以吉凶，所以斷也。

第十二章

易曰：「自天祐之，吉无不利。」子曰：「祐者，助也。天之所助者，順也；人之所助者，信也。履信思乎順，又以尚賢也。是以自天祐之，吉无不利也。」

子曰：「書不盡言，言不盡意。然則聖人之意，其不可見乎。」子曰：「聖人立象以盡意，設卦以盡情偽，繫辭以盡其言，變而通之以盡利，鼓之舞之以盡神。」

乾坤其易之緼邪？乾坤成列，而易立乎其中矣。乾坤毀，則无以見易，易不可見，則乾坤或幾乎息矣。是故，形而上者謂之道，形而下者謂之器。化而裁之謂之變，推而行之謂之通，舉而錯之天下之民，謂之事業。

是故，夫象，聖人有以見天下之賾，而擬諸其形容，象其物宜，是故謂之象。聖人有以見天下之動，而觀其會通，以行其典禮，繫辭焉，以斷其吉凶，是故謂之爻。極天下之賾者，存乎卦；鼓天下之動者，存乎辭；化而裁之，存乎變；推而行之，存乎通；神而明之，存乎其人；默而成之，不言而信，存乎德行。

繫辭傳（下）

第一章

八卦成列，象在其中矣。因而重之，爻在其中矣。剛柔相推，變在其中矣。繫辭焉而命之，動在其中矣。吉凶悔吝者，生乎動者也。剛柔者，立本者也。變通者，趣時者也。吉凶者，貞勝者也。天地之道，貞觀者也。日月之道，貞明者也，天下之動，貞夫一者也。

夫乾，確然示人易矣。夫坤，隤然示人簡矣。爻也者，效此者也。象也者，像此者也。爻象動乎內，吉凶見乎外，功業見乎變，聖人之情見乎辭。天地之大德曰生，聖人之大寶曰位。

何以守位曰仁，何以聚人曰財。理財正辭，禁民為非曰義。

第二章

古者包犧氏之王天下也，仰則觀象於天，俯則觀法於地，觀鳥獸之文，與地之宜，近取諸身，遠取諸物，於是始作八卦，以通神明之德，以類萬物之情。作結繩而為罔罟，以佃以漁，蓋取諸離。

包犧氏沒，神農氏作，斲木為耜，揉木為耒，耒耨之利，以教天下，蓋取諸益。日中為市，致天下之民，聚天下之貨，交易而退，各得其所，蓋取諸噬嗑。

神農氏沒，黃帝、堯、舜氏作，通其變，使民不倦，神而化之，使民宜之。易窮則變，變則通，通則久。是以自天祐之，吉无不利，黃帝、堯、舜垂衣裳而天下治，蓋取諸乾坤。

刳木為舟，剡木為楫，舟楫之利，以濟不通，致遠以利天下，蓋取諸渙。服牛乘馬，引重致遠，以利天下，蓋取諸隨。重門擊柝，以待暴客，蓋取諸豫。斷木為杵，掘地為臼，臼杵之利，萬民以濟，蓋取諸小過。弦木為弧，剡木為矢，弧矢之利，以威天下，蓋取諸睽。

上古穴居而野處，後世聖人易之以宮室，上棟下宇，以待風雨，蓋取諸大壯。古之葬者，厚衣之以薪，葬之中野，不封不樹，喪期无數。後世聖人易之以棺槨，蓋取諸大過。上古結繩而治，後世聖人易之以書契，百官以治，萬民以察，蓋取諸夬。

第三章

是故，易者，象也，象也者，像也。彖者，材也，爻也者，效天下之動者也。是故，吉凶生，而悔吝著也。

第四章

陽卦多陰，陰卦多陽，其故何也？陽卦奇，陰卦偶。其德行何也？陽一君而二民，君子之道也。陰二君而一民，小人之道也。

第五章

易曰：「憧憧往來，朋從爾思。」

子曰：「天下何思何慮？天下同歸而殊塗，一致而百慮，天下何思何慮？」「日往則月來，月往則日來，日月相推而明生焉。寒往則暑來，暑往則寒來，寒暑相推而歲成焉。往者屈也，來者信也，屈信相感而利生焉。尺蠖之屈，以求信也。龍蛇之蟄，以存身也。精義入神，以致用也。利用安身，以崇德也。過此以往，未之或知也。窮神知化，德之盛也。」

易曰：「困于石，據于蒺蔾，入于其宮，不見其妻，凶。」子曰：「非所困而困焉，名必辱。非所據而據焉，身必危。既辱且危，死期將至，妻其可得見邪？」

易曰：「公用射隼，于高墉之上，獲之，无不利。」子曰：「隼者禽也，弓矢者，器也，射之者，人也。君子藏器於身，待時而動，何不利之有？動而不括，是以出而有獲，語成器而動者也。」

子曰：「小人不恥不仁，不畏不義，不見利不勸，不威不懲。小懲而大誡，此小人之福也。」易曰：『屨校滅趾无咎，此之謂也』。

「善不積，不足以成名；惡不積，不足以滅身。小人以小善為无益，而弗為也，以小惡為无傷，而弗去也，故惡積而不可掩，罪大而不可解。易曰：『何校滅耳，凶』。」

子曰：「危者，安其位者也；亡者，保其存者也；亂者，有其治者也。是故，君子安而不忘危，存而不忘亡，治而不忘亂；是以身安而國家可保也。易曰：『其亡其亡，繫于苞桑』。」

子曰：「德薄而位尊，知小而謀大，力小而任重，鮮不及矣，易曰：『鼎折足，覆公餗，其形渥，凶。』言不勝其任也。」

子曰：「知幾其神乎！君子上交不諂，下交不瀆，其知幾乎！幾者動之微，吉之先見者也，君子見幾而作，不俟終日。易曰：『介于石，不終日，貞吉。』介如石焉，寧用終日，斷可識矣，君子知微知彰，知柔知剛，萬夫之望。」

子曰：「顏氏之子，其殆庶幾乎？有不善未嘗不知，知之未嘗復行也。易曰：『不遠復，无祇悔，元吉。』」

天地絪縕，萬物化醇，男女構精，萬物化生，易曰：『三人行，則損一人；一人行，則得其友。』言致一也。

子曰：「君子安其身而後動，易其心而後語，定其交而後求，君子修此三者，故全也，危以動，則民不與也，懼以語，則民不應也，无交而求，則民不與也，莫之與，則傷之者至矣。易曰：『莫益之，或擊之，立心勿恆，凶。』。」

第六章

子曰：「乾坤其易之門邪？乾，陽物也；坤，陰物也；陰陽合德，而剛柔有體，以體天地之撰，以通神明之德，其稱名也雜而不越，於稽其類，其衰世之意邪？」夫易，彰往而察來，而微顯闡幽，開而當名辨物，正言斷辭，則備矣，其稱名也小，其取類也大，其旨遠，其辭文，其言曲而中，其事肆而隱，因貳以濟民行，以明失得之報。

第七章

易之興也，其於中古乎，作易者，其有憂患乎！

是故，履，德之基也；謙，德之柄也；復，德之本也；恆，德之固也；損，德之修也；益，德之裕也；困，德之辨也；井，德之地也；巽，德之制也。

履，和而至；謙，尊而光；復，小而辨於物；恆，雜而不厭；損，先難而後易；益，長裕而不設；困，窮而通；井，居其所而遷；巽，稱而隱。

履以和行，謙以制禮，復以自知，恆以一德，損以遠害，益以興利，困以寡怨，井以辯義，巽以行權。

第八章

易之為書也不可遠，為道也屢遷，變動不居，周流六虛，上下无常，剛柔相易，不可為典要，唯變所適，其出入以度，外內使知懼，又明於憂患與故，无有師保，如臨父母，初率其辭，而揆其方，既有典常，苟非其人，道不虛行。

第九章

易之為書也，原始要終，以為質也，六爻相雜，唯其時物也，其初難知，其上易知，本末也，初辭擬之，卒成之終，若夫雜物撰德，辨是與非，則非其中爻不備。噫，亦要存亡吉凶，則居可知矣，知者觀其彖辭，則思過半矣。二與四，同功而異位，其善不同，二多譽，四多懼，近也。

柔之為道，不利遠者，其要无咎，其用柔中也，三與五同功，同功而異位，三多凶，五多功，貴賤之等也，其柔危，其剛勝邪？

第十章

易之為書也，廣大悉備，有天道焉，有人道焉，有地道焉。兼三材而兩之，故六，六者非它也，三材之道也，道有變動，故曰爻，爻有等，故曰物，物相雜，故曰文，文不當，故吉凶生焉。

第十一章

易之興也，其當殷之末世，周之盛德邪，當文王與紂之事邪！是故其辭危，危者使平，易者使傾，其道甚大，百物不廢，懼以終始，其要无咎，此之謂易之道也。

第十二章

夫乾，天下之至健也，德行恆易以知險，夫坤，天下之至順也，德行恆簡以知阻。

能說諸心，能研諸(侯之)慮，定天下之吉凶，成天下之亹亹者，是故，變化云為，吉事有祥，象事知器，占事知來。天地設位，聖人成能。人謀鬼謀，百姓與能。

八卦以象告，爻象以情言，剛柔雜居，而吉凶可見矣。變動以利言，吉凶以情遷。是故愛惡相攻而吉凶生，遠近相取而悔吝生，情偽相感而利害生。凡易之情，近而不相得則凶，或害之，悔且吝。

將叛者其辭慚，中心疑者其辭枝，吉人之辭寡，躁人之辭多，誣善之人其辭游，失其守者其辭屈。

國家圖書館出版品預行編目資料

易經／占奇先生編著. --初版.--臺中市：白象文
化事業有限公司，2024.6
面； 公分
ISBN 978-626-364-260-7（平裝）

1.CST: 易經 2.CST: 注釋
121.12 113001366

易經

編 著 者 占奇先生
校　　對 占奇先生
發 行 人 張輝潭
出版發行 白象文化事業有限公司
412台中市大里區科技路1號8樓之2（台中軟體園區）
出版專線：（04）2496-5995 傳真：（04）2496-9901
401台中市東區和平街228巷44號（經銷部）
購書專線：（04）2220-8589 傳真：（04）2220-8505
出版編印 林榮威、陳逸儒、黃麗穎、水邊、陳媁婷、李婕、林金郎
設計創意 張禮南、何佳諠
經紀企劃 張輝潭、徐錦淳、林尉儒
經銷推廣 李莉吟、莊博亞、劉育姍、林政泓
行銷宣傳 黃姿虹、沈若瑜
營運管理 曾千熏、羅禎琳
印　　刷 基盛印刷工場
初版一刷 2024 年 6 月
定　　價 300 元